ZHONGGUO TESE
QIYE XINXING XUETUZHI
GONGZUO ZHINAN

中国特色企业新型学徒制
工作指南

人力资源社会保障部职业能力建设司　编制

中国劳动社会保障出版社

图书在版编目(CIP)数据

中国特色企业新型学徒制工作指南/人力资源社会保障部职业能力建设司编制. -- 北京：中国劳动社会保障出版社，2021
ISBN 978-7-5167-4975-3

Ⅰ.①中… Ⅱ.①人… Ⅲ.①学徒-职业培训-指南 Ⅳ.①F241.32-62

中国版本图书馆CIP数据核字(2021)第184156号

中国劳动社会保障出版社出版发行

(北京市惠新东街1号 邮政编码：100029)

*

北京市白帆印务有限公司印刷装订 新华书店经销

787毫米×1092毫米 16开本 11.75印张 181千字
2021年9月第1版 2021年10月第2次印刷
定价：39.00元

读者服务部电话：(010) 64929211/84209101/64921644
营销中心电话：(010) 64962347
出版社网址：http://www.class.com.cn

版权专有 侵权必究

如有印装差错，请与本社联系调换：(010) 81211666
我社将与版权执法机关配合，大力打击盗印、销售和使用盗版图书活动，敬请广大读者协助举报，经查实将给予举报者奖励。
举报电话：(010) 64954652

前　言

为推进党的十九届五中全会提出的"探索中国特色学徒制"工作要求，人力资源社会保障部、财政部、国务院国资委、中华全国总工会和全国工商联等5部门联合印发了《关于全面推行中国特色企业新型学徒制　加强技能人才培养的指导意见》（人社部发〔2021〕39号，以下简称指导意见）。指导意见要求面向各类企业全面推行中国特色企业新型学徒制培训，创新中国特色技能人才培养模式，进一步扩大技能人才培养规模，为实现高质量发展提供有力的技能人才支撑。

为做好全面推行中国特色企业新型学徒制工作提供实践经验和工作指引，人力资源社会保障部职业能力建设司编制了《中国特色企业新型学徒制工作指南》（以下简称工作指南），内容涉及政策篇、实践篇、国际篇和工具篇四个篇章：政策篇全文或节选收录了近年来国家或有关部门印发的有关企业新型学徒制文件内容；实践篇收录了地方、企业和院校企业新型学徒制典型经验做法；国际篇介绍了学徒制国际合作项目，并结合国别案例介绍了国际劳工组织倡导的优质学徒制的优势与基本要素及培训项目开发、实施、监测和评估等工作环节；工具篇提供了企业新型学徒制工作流程参考、工具表单样例，以及修订完善的培训指导计划和通用素质课程培训大纲建议等。工作指南将为中国特色企业新型学徒制这一制度创新的落实落地提供重要参考，并将在加强技能人才队伍建设中发挥积极作用。

目 录

 政策篇

中华人民共和国国民经济和社会发展第十四个五年规划和 2035 年远景
目标纲要（节选） ··· 3

国务院办公厅关于印发职业技能提升行动方案（2019—2021 年）的
通知 ··· 4

人力资源社会保障部　财政部　国务院国资委　中华全国总工会
全国工商联关于印发《关于全面推行中国特色企业新型学徒制
加强技能人才培养的指导意见》的通知 ······························ 11

人力资源社会保障部　财政部　共青团中央关于印发百万青年技能培训
行动方案的通知 ·· 16

人力资源社会保障部　财政部关于充分发挥职业技能提升行动专账资金
效能　扎实推进职业技能提升行动的通知（节选） ···················· 18

实践篇

地方工作经验

北京市 ··· 21

上海市 ··· 27

湖南省 ··· 30

广东省 ··· 33

重庆市 ··· 38

甘肃省 ··· 41

陕西省宝鸡市 ··· 45

企业典型经验

山西杏花村汾酒厂股份有限公司 ·· 49

北方华锦化学工业集团有限公司 ·· 56

上海久事公共交通集团有限公司 ·· 60

重庆市轨道交通（集团）有限公司 ··· 65

贵州省六盘水市首钢水城钢铁（集团）有限责任公司 ················ 70

院校典型经验

北京市顺义区人力资源和社会保障局高级技工学校 ··················· 77

辽宁冶金技师学院 ··· 85

黑龙江省齐齐哈尔一重技师学院 ·· 93

江苏省常州技师学院 ·· 101

浙江省长兴技师学院 ·· 106

国际篇

学徒制国际合作项目介绍 115
国际劳工组织倡导的优质学徒制概况 119
国际劳工组织倡导的优质学徒制培训项目实施方法 125

工具篇

"中国特色企业新型学徒制"图解 139
中国特色企业新型学徒制工作流程参考示例 142
企校合作协议参考样例（企业与培训机构） 144
学徒培养协议参考样例（企业与学徒） 147
中国特色企业新型学徒制相关工具参考样例 150
中国特色企业新型学徒制培训指导计划 163
通用素质课程培训大纲建议 168

后记 179

政策篇

中华人民共和国国民经济和社会发展第十四个五年规划和2035年远景目标纲要
（节选）

第四十三章　建设高质量教育体系

★突出职业技术（技工）教育类型特色，深入推进改革创新，优化结构与布局，大力培养技术技能人才。

★创新办学模式，深化产教融合、校企合作，鼓励企业举办高质量职业技术教育，探索中国特色学徒制。

国务院办公厅关于印发职业技能提升行动方案（2019—2021年）的通知

国办发〔2019〕24号

各省、自治区、直辖市人民政府，国务院各部委、各直属机构：

《职业技能提升行动方案（2019—2021年）》已经国务院同意，现印发给你们，请认真贯彻执行。

国务院办公厅
2019年5月18日

（此件公开发布）

职业技能提升行动方案（2019—2021年）

为贯彻落实党中央、国务院决策部署，实施职业技能提升行动，制定以下方案。

一、总体要求和目标任务

（一）总体要求。以习近平新时代中国特色社会主义思想为指导，全面贯彻党的十九大和十九届二中、三中全会精神，把职业技能培训作为保持就业稳定、缓解结构性就业矛盾的关键举措，作为经济转型升级和高质量发展的重要支撑。坚持需求导向，服务经济社会发展，适应人民群众就业创业需要，大力推行终身职业技能培训制度，面向职工、就业重点群体、建档立卡贫困劳动力（以下简称贫困劳动力）等城乡各类劳动者，大规模开展职业技能培训，加快建设知识型、技能型、创新型劳动者大军。

（二）目标任务。2019年至2021年，持续开展职业技能提升行动，提高培训针对性实效性，全面提升劳动者职业技能水平和就业创业能力。三年共开展各类补贴性职业技能培训5 000万人次以上，其中2019年培训1 500万人次以上；经过努力，到2021年底技能劳动者占就业人员总量的比例达到25%以上，高技能人才占技能劳动者的比例达到30%以上。

二、对职工等重点群体开展有针对性的职业技能培训

（三）大力开展企业职工技能提升和转岗转业培训。企业需制定职工培训计划，开展适应岗位需求和发展需要的技能培训，广泛组织岗前培训、在岗培训、脱产培训，开展岗位练兵、技能竞赛、在线学习等活动，大力开展高技能人才培训，组织实施高技能领军人才和产业紧缺人才境外培训。发挥行业、龙头企业和培训机构作用，引导帮助中小微企业开展职工培训。实施高危行业领域安全技能提升行动计划，化工、矿山等高危行业企业要组织从业人员和各类特种作业人员普遍开展安全技能培训，严格执行从业人员安全技能培训合格后上岗制度。支持帮助困难企业开展转岗转业培训。在全国各类企业全面推行企业新型学徒制、现代学徒制培训，三年培训100万新型学徒。推进产教融合、校企合作，实现学校培养与企业用人的有效衔接。鼓励企业与参训职工协商一致灵活调整工作时间，保障职工参训期间应有的工资福利待遇。

（四）对就业重点群体开展职业技能提升培训和创业培训。面向农村转移就业劳动者特别是新生代农民工、城乡未继续升学初高中毕业生（以下称"两后生"）等青年、下岗失业人员、退役军人、就业困难人员（含残疾人），持续实施农民工"春潮行动"、"求学圆梦行动"、新生代农民工职业技能提升计划和返乡创业培训计划以及劳动预备培训、就业技能培训、职业技能提升培训等专项培训，全面提升职业技能和就业创业能力。对有创业愿望的开展创业培训，加强创业培训项目开发、创业担保贷款、后续扶持等服务。围绕乡村振兴战略，实施新型职业农民培育工程和农村实用人才带头人素质提升计划，开展职业农民技能培训。

（五）加大贫困劳动力和贫困家庭子女技能扶贫工作力度。聚焦贫困地区特别

是"三区三州"等深度贫困地区，鼓励通过项目制购买服务等方式为贫困劳动力提供免费职业技能培训，并在培训期间按规定通过就业补助资金给予生活费（含交通费，下同）补贴，不断提高参训贫困人员占贫困劳动力比重。持续推进东西部扶贫协作框架下职业教育、职业技能培训帮扶和贫困村创业致富带头人培训。深入推进技能脱贫千校行动和深度贫困地区技能扶贫行动，对接受技工教育的贫困家庭学生，按规定落实中等职业教育国家助学金和免学费等政策；对子女接受技工教育的贫困家庭，按政策给予补助。

三、激发培训主体积极性，有效增加培训供给

（六）支持企业兴办职业技能培训。支持各类企业特别是规模以上企业或者吸纳就业人数较多的企业设立职工培训中心，鼓励企业与职业院校（含技工院校，下同）共建实训中心、教学工厂等，积极建设培育一批产教融合型企业。企业举办或参与举办职业院校的，各级政府可按规定根据毕业生就业人数或培训实训人数给予支持。支持企业设立高技能人才培训基地和技能大师工作室，企业可通过职工教育经费提供相应的资金支持，政府按规定通过就业补助资金给予补助。支持高危企业集中的地区建设安全生产和技能实训基地。

（七）推动职业院校扩大培训规模。支持职业院校开展补贴性培训，扩大面向职工、就业重点群体和贫困劳动力的培训规模。在院校启动"学历证书+若干职业技能等级证书"制度试点工作，按《国务院关于印发国家职业教育改革实施方案的通知》（国发〔2019〕4号）规定执行。在核定职业院校绩效工资总量时，可向承担职业技能培训工作的单位倾斜。允许职业院校将一定比例的培训收入纳入学校公用经费，学校培训工作量可按一定比例折算成全日制学生培养工作量。职业院校在内部分配时，应向承担职业技能培训工作的一线教师倾斜，保障其合理待遇。

（八）鼓励支持社会培训和评价机构开展职业技能培训和评价工作。不断培育发展壮大社会培训和评价机构，支持培训和评价机构建立同业交流平台，促进行业发展，加强行业自律。民办职业培训和评价机构在政府购买服务、校企合作、实训基地建设等方面与公办同类机构享受同等待遇。

（九）创新培训内容。加强职业技能、通用职业素质和求职能力等综合性培

训，将职业道德、职业规范、工匠精神、质量意识、法律意识和相关法律法规、安全环保和健康卫生、就业指导等内容贯穿职业技能培训全过程。坚持需求导向，围绕市场急需紧缺职业开展家政、养老服务、托幼、保安、电商、汽修、电工、妇女手工等就业技能培训；围绕促进创业开展经营管理、品牌建设、市场拓展、风险防控等创业指导培训；围绕经济社会发展开展先进制造业、战略性新兴产业、现代服务业以及循环农业、智慧农业、智能建筑、智慧城市建设等新产业培训；加大人工智能、云计算、大数据等新职业新技能培训力度。

（十）加强职业技能培训基础能力建设。有条件的地区可对企业、院校、培训机构的实训设施设备升级改造予以支持。支持建设产教融合实训基地和公共实训基地，加强职业训练院建设，积极推进职业技能培训资源共建共享。大力推广"工学一体化""职业培训包""互联网+"等先进培训方式，鼓励建设互联网培训平台。加强师资建设，职业院校和培训机构实行专兼职教师制度，可按规定自主招聘企业技能人才任教。加快职业技能培训教材开发，规范管理，提高教材质量。完善培训统计工作，实施补贴性培训实名制信息管理，探索建立劳动者职业培训电子档案，实现培训评价信息与就业社保信息联通共享，提供培训就业一体化服务。

四、完善职业培训补贴政策，加强政府引导激励

（十一）落实职业培训补贴政策。对贫困家庭子女、贫困劳动力、"两后生"、农村转移就业劳动者、下岗失业人员和转岗职工、退役军人、残疾人开展免费职业技能培训行动，对高校毕业生和企业职工按规定给予职业培训补贴。对贫困劳动力、就业困难人员、零就业家庭成员、"两后生"中的农村学员和城市低保家庭学员，在培训期间按规定通过就业补助资金同时给予生活费补贴。符合条件的企业职工参加岗前培训、安全技能培训、转岗转业培训或初级工、中级工、高级工、技师、高级技师培训，按规定给予职业培训补贴或参保职工技能提升补贴。职工参加企业新型学徒制培训的，给予企业每人每年 4 000 元以上的职业培训补贴，由企业自主用于学徒培训工作。企业、农民专业合作社和扶贫车间等各类生产经营主体吸纳贫困劳动力就业并开展以工代训，以及参保企业吸纳就业困难人员、零就业家庭成员就业并开展以工代训的，给予一定期限的职业培训补贴，最长不

超过6个月。

（十二）支持地方调整完善职业培训补贴政策。符合条件的劳动者在户籍地、常住地、求职就业地参加培训后取得证书（职业资格证书、职业技能等级证书、专项职业能力证书、特种作业操作证书、培训合格证书等）的，按规定给予职业培训补贴，原则上每人每年可享受不超过3次，但同一职业同一等级不可重复享受。省级人力资源社会保障部门、财政部门可在规定的原则下结合实际调整享受职业培训补贴、生活费补贴人员范围和条件要求，可将确有培训需求、不具有按月领取养老金资格的人员纳入政策范围。市（地）以上人力资源社会保障部门、财政部门可在规定的原则下结合实际确定职业培训补贴标准。县级以上政府可对有关部门各类培训资金和项目进行整合，解决资金渠道和使用管理分散问题。对企业开展培训或者培训机构开展项目制培训的，可先行拨付一定比例的培训补贴资金，具体比例由各省（区、市）根据实际情况确定。各地可对贫困劳动力、去产能失业人员、退役军人等群体开展项目制培训。

（十三）加大资金支持力度。地方各级政府要加大资金支持和筹集整合力度，将一定比例的就业补助资金、地方人才经费和行业产业发展经费中用于职业技能培训的资金，以及从失业保险基金结余中拿出的1 000亿元，统筹用于职业技能提升行动。各地拟用于职业技能提升行动的失业保险基金结余在社会保障基金财政专户中单独建立"职业技能提升行动专账"，用于职工等人员职业技能培训，实行分账核算、专款专用，具体筹集办法由财政部、人力资源社会保障部另行制定。企业要按有关规定足额提取和使用职工教育经费，其中60%以上用于一线职工培训，可用于企业"师带徒"津贴补助。落实将企业职工教育经费税前扣除限额提高至工资薪金总额8%的税收政策。推动企业提取职工教育经费开展自主培训与享受政策开展补贴性培训的有机衔接，探索完善相关机制。有条件的地区可安排经费，对职业技能培训教材开发、师资培训、教学改革以及职业技能竞赛等基础工作给予支持，对培训组织动员工作进行奖补。

（十四）强化资金监督管理。要依法加强资金监管，定期向社会公开资金使用情况，加强监督检查和专项审计工作，加强廉政风险防控，保障资金安全和效益。对以虚假培训等套取、骗取资金的依法依纪严惩，对培训工作中出现的失误和问题要区分不同情况对待，保护工作落实层面干事担当的积极性。

五、加强组织领导，强化保障措施

（十五）强化地方政府工作职责。地方各级政府要把职业技能提升行动作为重要民生工程，切实承担主体责任。省级政府要建立职业技能提升行动工作协调机制，形成省级统筹、部门参与、市县实施的工作格局。各省（区、市）要抓紧制定实施方案，出台政策措施，明确任务目标，进行任务分解，建立工作情况季报、年报制度。市县级政府要制定具体贯彻落实措施。鼓励各地将财政补助资金与培训工作绩效挂钩，加大激励力度，促进扩大培训规模，提升培训质量和层次，确保职业技能提升行动有效开展。

（十六）健全工作机制。在国务院就业工作领导小组框架下，健全职业技能提升行动工作协调机制，充分发挥行业主管部门等各方作用，形成工作合力。人力资源社会保障部门承担政策制定、标准开发、资源整合、培训机构管理、质量监管等职责，制定年度工作计划，分解工作任务，抓好督促落实。发展改革部门要统筹推进职业技能培训基础能力建设。教育部门要组织职业院校承担职业技能培训任务。工业和信息化、住房城乡建设等部门要发挥行业主管部门作用，积极参与培训工作。财政部门要确保就业补助资金等及时足额拨付到位。农业农村部门负责职业农民培训。退役军人事务部门负责协调组织退役军人职业技能培训。应急管理、煤矿安监部门负责指导协调化工、矿山等高危行业领域安全技能培训和特种作业人员安全作业培训。国资监管部门要指导国企开展职业技能培训。其他有关部门和单位要共同做好职业技能培训工作。支持鼓励工会、共青团、妇联等群团组织以及行业协会参与职业技能培训工作。

（十七）提高培训管理服务水平。深化职业技能培训工作"放管服"改革。对补贴性职业技能培训实施目录清单管理，公布培训项目目录、培训和评价机构目录，方便劳动者按需选择。地方可采取公开招投标等方式购买培训服务和评价服务。探索实行信用支付等办法，优化培训补贴支付方式。建立培训补贴网上经办服务平台，有条件的地区可对项目制培训探索培训服务和补贴申领告知承诺制，简化流程，减少证明材料，提高服务效率。加强对培训机构和培训质量的监管，健全培训绩效评估体系，积极支持开展第三方评估。

（十八）推进职业技能培训与评价有机衔接。完善技能人才职业资格评价、职业技能等级认定、专项职业能力考核等多元化评价方式，动态调整职业资格目录，动态发布新职业信息，加快国家职业标准制定修订。建立职业技能等级认定制度，为劳动者提供便利的培训与评价服务。从事准入类职业的劳动者必须经培训合格后方可上岗。推动工程领域高技能人才与工程技术人才职业发展贯通。支持企业按规定自主开展职工职业技能等级评价工作，鼓励企业设立首席技师、特级技师等，提升技能人才职业发展空间。

（十九）加强政策解读和舆论宣传。各地区、各有关部门要加大政策宣传力度，提升政策公众知晓度，帮助企业、培训机构和劳动者熟悉了解、用足用好政策，共同促进职业技能培训工作开展。大力弘扬和培育工匠精神，落实提高技术工人待遇的政策措施，加强技能人才激励表彰工作，积极开展各类职业技能竞赛活动，营造技能成才良好环境。

人力资源社会保障部　财政部　国务院国资委
中华全国总工会　全国工商联关于印发
《关于全面推行中国特色企业新型学徒制
加强技能人才培养的指导意见》的通知

人社部发〔2021〕39号

各省、自治区、直辖市及新疆生产建设兵团人力资源社会保障厅（局）、财政厅（局）、国资委、总工会、工商联：

现将《关于全面推行中国特色企业新型学徒制　加强技能人才培养的指导意见》印发给你们，请结合本地工作实际，认真贯彻执行。

人力资源社会保障部　财政部
国务院国资委　中华全国总工会　全国工商联
2021年6月8日

（此件主动公开）

关于全面推行中国特色企业新型学徒制
加强技能人才培养的指导意见

为贯彻落实党的十九届五中全会精神，加强新时代技能人才培养，现就全面推行中国特色企业新型学徒制提出以下指导意见。

一、指导思想

以习近平新时代中国特色社会主义思想为指导，全面贯彻党的十九大和十九届二中、三中、四中、五中全会精神，深入贯彻落实《新时期产业工人队伍建设改革方案》，以高质量发展为引领，以深化企业改革、加大技能人才培养为宗旨，以满足培育壮大发展新动能、促进产业转型升级和提高企业竞争力为根本，以产教融合、校企合作为重要手段，持续实施职业技能提升行动，面向企业全面推行新型学徒制培训，创新中国特色技能人才培养模式，进一步扩大技能人才培养规模，为实现高质量发展提供有力的人才和技能支撑。

二、基本原则

——坚持需求导向。坚持以满足高质量发展、适应产业变革、技术变革、组织变革和企业技术创新需求为目标，瞄准企业人力资源价值提升需求，面向企业技能岗位员工开展企业新型学徒制培训，满足人岗匹配和技能人才队伍梯次发展需要。

——坚持终身培训。进一步健全终身职业技能培训制度，支持企业职工在职业生涯发展的不同阶段通过多种方式，灵活接受职业技能培训，不断提高职工岗位技能，畅通技能人才职业发展通道。

——坚持校企政联动。在充分发挥企业培训主体作用和院校教育培训优势的基础上，各地人力资源社会保障部门要加强组织管理和协调服务，有序高效开展企业新型学徒制培养工作。

——坚持以用为本。充分利用企业新型学徒制培养成果，积极为企业新型学徒提升技能、干事创业提供机会和条件。鼓励企业新型学徒参与技术革新、技术攻关，在技能岗位发挥关键作用。

三、目标任务

按照政府引导、企业为主、院校参与的原则，在企业全面推行新型学徒制培训，进一步发挥各类企业主体作用，通过企校合作、工学交替方式，组织企业技能岗位新入职、转岗员工参加企业新型学徒制培训，力争使企业技能岗位新入职员工都有机会接受高质量岗前职业技能培训；力争使企业技能岗位转岗员工都有机会接受转岗转业就业储备性技能培训，达到"转岗即能顶岗"。以企业新型学徒制培训为引领，促进企业技能人才培养，不断提升企业技术创新能力和企业竞争力。

四、主要内容

（一）培养对象和培养模式。以至少签订1年以上劳动合同的技能岗位新招用和转岗等人员为主要培养对象，企业可结合生产实际自主确定培养对象。发挥企业培养主体作用，培养和评价"双结合"，企业实训基地和院校培训基地"双基地"，企业导师和院校导师"双导师"培养模式，大型企业可依托本企业培训中心等采取"师带徒"的方式，开展企业新型学徒制培养工作。

（二）培养目标和主要方式。学徒培养目标以符合企业岗位需求的中级工、高级工及技师、高级技师为主。培养期限为1~2年，特殊情况可延长到3年。各类企业特别是规模以上企业可结合实际需求和学徒职业发展、技能提升意愿，采用举办培训班、集训班等形式，采取弹性学制和学分制等管理手段，按照"一班一方案"开展学徒培训。中小微企业培训人员较少的情况，可由地方工商联及所属商会，会同当地人力资源社会保障部门根据培训职业，统一协调和集中多个中小微企业人员开展培训。

（三）培养内容。根据产业转型升级和高质量发展要求，紧扣制造强国、质量强国、数字中国建设之急需和企业未来技能需求，依据国家职业技能标准和行业、企业培训评价规范开展相应职业（工种）培训，积极应用"互联网+"、职业培训包等培训模式。加大企业生产岗位技能、数字技能、绿色技能、安全生产技能和职业道德、职业素养、工匠精神、质量意识、法律常识、创业创新、健康卫生等方面培训力度。

（四）培养主体职责。企业新型学徒培养的主要职责由所在企业承担。企业应与学徒签订培养协议，明确培训目标、培训内容与期限、质量考核标准等内容。同一批次同类职业（工种）可签订集体培养协议。企业委托培训机构承担学徒的部分培训任务，应与培训机构签订合作协议，明确培训的方式、内容、期限、费用、双方责任等具体内容，保证学徒在企业工作的同时，能够到培训机构参加系统的、有针对性的专业知识学习和相关技能训练。

五、激励机制

（一）完善经费补贴政策。对开展学徒培训的企业按规定给予职业培训补贴，补贴资金从职业技能提升行动专账资金或就业补助资金列支。补贴标准由各市（地）以上人力资源社会保障部门会同财政部门确定，学徒每人每年的补贴标准原则上 5 000 元以上，补贴期限按照实际培训期限（不超过备案期限）计算，可结合经济发展、培训成本、物价指数等情况定期调整。企业在开展学徒培训前将有关材料报所在地人力资源社会保障部门备案，备案材料应包括培训计划、学徒名册、劳动合同复印件及其他相关材料（具体清单由所在地人力资源社会保障部门自行制定），经审核后列入学徒培训计划，并按规定向企业预支补贴资金。培训任务完成后，应向所在地人力资源社会保障部门及时提交职业资格证书（或职业技能等级证书、培训合格证书、毕业证书）编号或证书复印件、培训视频材料、培训机构出具的行政事业性收费票据（或税务发票）等符合财务管理规定的凭证，由相关部门按照符合补贴申领条件的人员数量，及时拨付其余补贴资金。企业可按照学徒社保缴纳地或就业所在地申领职业培训补贴。

（二）健全企业保障机制。学徒在学习培训期间，企业应当按照劳动合同法的规定支付工资，且工资不得低于企业所在地最低工资标准。企业按照与培训机构签订的合作协议约定，向培训机构支付学徒培训使用，所需资金从企业职工教育经费列支；符合有关政策规定的，由政府提供职业培训和职业技能鉴定补贴。承担带徒任务的企业导师享受导师带徒津贴，津贴标准由企业确定，津贴由企业承担。企业对学徒开展在岗培训、业务研修等企业内部发生的费用，符合有关政策规定的，可从企业职工教育经费中列支。

（三）建立奖励激励机制。充分发挥中华技能大奖获得者、全国技术能手、劳动模范、大国工匠等技能人才传帮带优势，充分利用技能大师（专家）工作室、劳模和工匠人才创新工作室等技能人才培养阵地，鼓励"名师带高徒""师徒结对子"，激发师徒主动性和积极性。鼓励企业建立学徒奖学金、师带徒津贴（授课费、课时费），制定职业技术技能等级认定优惠政策，畅通企业间流通渠道。

六、保障措施

（一）加强组织领导。各级人资源社会保障部门、财政部门、国资监管部门、工会以及工商联要进一步提高认识，增强责任感和紧迫感，把全面推行企业新型学徒制培训作为实施职业技能提升行动、加强高技能人才培养的重要内容，认真组织实施。要建立密切配合、协同推进的工作机制，加强组织领导，全面推动实施。国资监管部门、工商联要以重点行业、重要领域和规模以上企业为着力点，大力推行企业新型学徒制培训。

（二）协调推动实施。企业按属地管理原则纳入当地工作范畴，享受当地政策。各级人力资源社会保障部门要建立与企业的联系制度，做好工作指导。要主动对接属地中央企业，做好资金、政策的落实以及服务保障工作。要加大工作力度，加强工作力量，做好对各类企业特别是中小微企业新型学徒培训的管理服务工作。各企业要加强组织实施，建立人事（劳资）部门牵头，生产、安全、财务、工会等有关部门密切配合、协同推进的工作机制，制定工作方案，认真规划、扎实组织、全面推动。各技工院校要积极参加企业新型学徒培养工作，并将其作为校企合作的重要内容。

（三）加强考核评价。鼓励企业职工人人持证，推动企业全面自主开展技能人才评价，并将参加新型学徒制培训的人员纳入其中。指导企业将学徒技能评价融入日常企业生产活动过程中，灵活运用过程化考核、模块化考核和业绩评审、直接认定等多种方式，对学徒进行职业技能等级认定，加大学徒高级工、技师、高级技师评价工作。加大社会培训评价机构和行业组织的征集遴选力度，注重发挥工商联所属商会作用，大力推行社会化职业技能等级认定。

（四）加强宣传动员。广泛动员企业、院校、培训机构和职工积极参与学徒制培训，扩大企业新型学徒制影响力和覆盖面。强化典型示范，突出导向作用，大力宣传推行企业新型学徒制的典型经验和良好成效，努力营造全社会关心尊重技能人才、重视支持企业职工培训工作的良好社会氛围。

人力资源社会保障部 财政部 共青团中央
关于印发百万青年技能培训行动方案的通知

人社部发〔2020〕59号

各省、自治区、直辖市及新疆生产建设兵团人力资源社会保障厅（局），财政厅（局），团委：

为贯彻落实党中央、国务院决策部署，深入实施职业技能提升行动，扎实做好广大青年职业培训工作，促进高校毕业生等青年就业创业，加快建设知识型、技能型、创新型劳动者大军，特实施百万青年技能培训行动。

现将《百万青年技能培训行动方案》印发给你们，请结合本地工作实际，认真贯彻执行。

人力资源社会保障部
财政部 共青团中央
2020年7月21日

（此件主动公开）

百万青年技能培训行动方案（节选）

五、行动内容

（一）青年学徒培养计划。组织企业新招用高校毕业生或在职青年职工等参加1年以上的企业新型学徒制培训。学徒培训主要运用企业与技工院校、职业院校、职业培训机构、企业培训中心等企校双师带徒、工学交替培养模式进行。通过企校合作，重点培训与企业岗位相关的理论知识、操作技能、安全生产规范、职业素养等，强化有针对性的理论知识学习和岗位技能训练，把高校毕业生等青年培养成为适合企业发展和岗位需要的高技能人才。2020年至2021年，对组织高校毕业生等开展企业新型学徒制培训的，给予企业每人每年5 000元以上的职业培训补贴，培训耗材较高的职业（工种），可提高补贴标准。

人力资源社会保障部 财政部
关于充分发挥职业技能提升行动专账资金效能扎实推进职业技能提升行动的通知（节选）

人社部函〔2021〕14号

四、全面推行中国特色企业新型学徒制。适应现代企业发展和企业技术创新需要，面向各类企业全面推行企业新型学徒制，提高培训质量。完善企校双师带徒、工学交替培养等模式，创新开展"行校合作"，鼓励行业协会、跨企业培训中心等组织中小微企业开展学徒制培训，并按规定给予培训补贴。鼓励更多优秀的企业导师承担带徒任务，建立专职导师队伍。加大实施百万青年技能培训行动，把高校毕业生等青年培养成为适合企业发展和岗位需要的高技能人才。加强央地合作，各级人力资源社会保障部门要支持中央企业开展企业新型学徒制培训。

实践篇

地方工作经验

北京市

北京市在前期企业新型学徒制试点的基础上，2018年开展政策研究制定工作，开始全面推行企业新型学徒制，并且通过政策引领、搭建平台、宣传动员等方式，重点聚焦特色行业系统，引导北京控股集团有限公司、北京电子控股有限责任公司、北京公共交通控股（集团）有限公司、北京市地铁运营有限公司、北京首都农业集团有限公司等技能劳动者占比大的劳动密集型企业积极参与，深化产教融合、企校深度合作，创新人才培养模式和培训方式，有效缓解了工学矛盾，为企业技能人才创造了晋级机会，促进了企业生产和城市运行保障效率有效提升。

一、发挥政策引领，强化闭环统筹

依据产业布局调整需求，结合培养"高精尖、现代制造、城市服务"的人才需求，北京市围绕政策设计、健全机制、规范流程、宏观调控、一线推动、政策协调、疏通难点、及时跟进、定期通报等方面多措并举，引导各区、企业和培训机构广泛参与，有序推进工作开展。

（一）政策铺路，完善顶层设计

政府推动是开展企业新型学徒制工作的重要支撑。为落实《人力资源社会保障部 财政部关于全面推行企业新型学徒制的意见》（人社部发〔2018〕66号），北京市经过充分调研论证，印发了《北京市全面推行企业新型学徒制实施方案》（京人社能发〔2019〕128号）。方案通过建立市级统筹、属地实施的两级管理体制，明确各区人力资源社会保障局按照"招工即招生、入企即入校、企校双制、工学一体"的技能人才培养新模式，按照属地化和目录清单管理的原则，组织辖区内各类企业及拥有技能人才的其他用人单位参与学徒培养工作。

（二）健全机制，厘清各方责任

以企业、行业需求为导向，通过产教融合、企校深度合作方式，形成"政府政策激励引导、企业为主组织实施、培训机构广泛参与、广大职工踊跃参加的技能人才培训模式"的企业新型学徒制长效机制。明确市（区）人力资源社会保障部门、财政部门、参与企业及培训机构的职责，做到责任明确、任务具体、措施到位、保障有力。构建市（区）人力资源社会保障部门、企业、培训机构三级考核督导体系，各司其职，加强质量督导，确保学徒培养工作顺利开展。

（三）规范流程，健全制度体系

按照"企业、培训机构申请→区人力资源社会保障部门受理备案→市人力资源社会保障部门复核发布目录→企业开班、建立学籍→首轮资金申请与拨付→实施过程管理→第二轮资金申请与拨付"的闭环工作流程开展培训工作，保证企业新型学徒培养工作的规范性、严密性和有效性。制定了学徒培训管理制度、学分管理制度、双导师制度、学籍管理制度、教材管理制度、培训考核制度、补贴经费管理机制、第三方审计制度等8项基本管理制度，同步健全制度体系。突出寓管理于服务，同步组织编写了《北京市企业新型学徒制指导手册》，将操作程序具体化、系统化、流程化，指导培训规范开展。政策全面推行之初，集中组织全市300余名相关人员开展业务培训，促进各级各类组织快速上手，消除参与者畏难情绪。

（四）宏观调控，补贴特色引导

结合北京市实际，以需求为导向，根据产业急需程度、职业类型等建立了

5 000~8 000 元/（人·年）的分类分级培训补贴管理机制。优先支持满足北京市十大高精尖产业、生产服务业、生活服务业、文化创新产业等产业对急需技能人才的需求，对全市培训的职业（工种）进行宏观导向调控。围绕产业升级调整、城市运行保障、现代生活服务三大领域集中发布两批共计52个急需职业（工种），调动企业参与急需技能人才培养的积极性。

（五）一线推动，着力解决问题

企业新型学徒制全面推行后，北京市坚持问题导向、深入一线调研推动工作。北京市人力资源社会保障局组成专项检查指导小组，深入10余个区人力资源社会保障局、18个国家级高技能人才培训基地和多个企业集团开展政策宣讲、调研指导，引导区人力资源社会保障部门、企业、培训机构加深认识，积极主动开展培训工作。针对部分单位对推行企业新型学徒制培训认识不到位、动力不足、组织培训针对性不强、企业和员工更关注"短平快"的培训模式等问题，组织相关专家对形势进行深入分析，引导其从"企业新型学徒制本质，更强调企业技工特别是中高级技能人才培养，追求常态化培养模式下，由下至上的效能传导，由个体的点最终惠及企业的面，不断优化各类产业根基，最终实现人才发展和企业创收双赢"的角度认识问题，从思想根源上解决问题。根据收集到的各区对信息管理平台提出的改进意见，完善平台功能，解决录入、审核的堵点、难点问题等20余项。

（六）及时跟进，出台配套措施

政策实施过程中，建立政府、企业、培训机构例会制度，及时同区人力资源社会保障部门和企业沟通存在的问题和困难，定期开展情况沟通，协调解决疑难问题，制定配套措施，打通操作层面的堵点和难点，为一线工作排忧解难。例如，及时出台《关于进一步吸纳社会培训机构参与企业新型学徒制工作的通知》《关于征集2020年企业新型学徒培训急需工种及推进相关工作的通知》等文件，对培训机构进行扩容，对职业（工种）开展广泛征集，不断提升社会、行业、企业的参与度。

（七）考核发证，创新证书管理

学徒培训期满后，由企业和培训机构共同对学徒进行考核评价。其中，在技工院校开展企业新型学徒制培训的，为完成培训的合格学徒颁发技工院校证书；

在其他培训机构开展培训的，颁发培训合格证书。颁发证书有效激发了职工参与培训的积极性。通过全面推行企业新型学徒制，企业员工的技能提升和职业生涯发展空间得到进一步拓宽，技工院校创新发展和社会服务功能提升方面有了新动能的支撑。

（八）定期通报，推动任务落实

为全面把握推进情况，在全市范围建立了企业新型学徒制实施情况定期通报制度，阶段性印发工作通报，充分发挥政府监督职能作用，加大工作推动力度，定期对全市工作开展情况进行通报讲评，通报工作动态、点评存在问题、表扬好的经验做法，带动区人力资源社会保障部门、企业和培训机构创新、高效开展工作。

二、搭建工作平台，做好管理服务保障

工作平台是开展企业新型学徒制培训的重要基础和手段。北京市积极创新工作思路，搭建了信息管理、绩效评价、企校合作、补贴审核等各类基础性工作平台，保障培训工作顺利开展。

（一）搭建信息管理平台，保障服务便捷高效

北京市企业新型学徒制工作实行服务信息化管理，建立全市信息互通、资源共享的信息化服务管理平台，实现"申报与认定、开班与学籍注册、过程监管、资金申请与拨付"的全过程管理，实施学徒制培训实名制管理，建立企业培训台账，进行培训质量监管，规范北京市学徒培养工作的组织实施，使工作流程更加简便快捷，提高了服务效率。同时，依托信息管理平台，向社会公开目录清单，并实行动态调整，确保管理服务工作的及时高效、公开透明。

（二）搭建绩效评价平台，保障培训质量

在制定政策的同时，引入北京市社会科学院科研团队，借助智库力量，深入各区、企业、培训机构，采用"边工作、边研究、边总结、边评估"的方法，研究企业新型学徒制内涵特征、运行机制、培养模式、管理体制和条件保障等规律，制定《北京市企业新型学徒制培训绩效评价指标体系》。通过绩效评价，提升各级各类组织服务能力，促进企业、培训机构广泛参与培训，提高培训质量，确保资金使用效率，不断规范北京市企业新型学徒培养工作。

（三）搭建企校合作平台，保障培训资源充足

引导北京市技工院校充分发挥国家级高技能人才培训基地作用，将企业新型学徒制培训明确为技工院校的一项长期办学制度，利用基地师资和培训资源，主动对接企业需求，发挥国家级高技能人才基地优势和培训特色，最大限度地满足对接企业培训需求，支撑企业共同开展培训工作。以 2020 年为例，北京全市 109 家企业、53 家培训机构参与了学徒培养工作，为 13 000 余名学徒建立学籍，针对十大高精尖产业、生产服务业、生活服务业、文化创新产业等领域近 200 个职业（工种）开展企业新型学徒制培训工作。其中，市属企业参训 7 600 余人，在参与企业中占比 58.48%；技工院校培训人数 12 200 余人，在培训机构中占比 93.56%。市属企业和技工院校成为北京市企业新型学徒制培训主要力量。

（四）搭建补贴审核平台，保障资金安全高效

《北京市全面推行企业新型学徒制实施方案》涉及各类企业和培训机构，社会参与度广，在管理和风险防控上面临新的挑战。北京市将资金使用管理作为工作重点，依托信息管理系统，落实市、区两级实名制审核制度和补贴资金分两次申请拨付程序，及时办理补贴资金的申领手续，将企业申请的资金足额发放到位，将监督管理贯穿始终。同时，引入第三方机构，对各区人力资源社会保障部门和企业组织开展学徒培养工作情况进行检查，双管齐下，确保培训绩效和资金使用安全。

三、广泛深入动员，增强宣传效果

创新政策宣传模式，采取政府、企业、培训机构多方、多角度联合宣传的新思路，扩大宣传范围，提升宣传影响力。

（一）周密谋划，全员发动

2018—2019 年，北京市提前筹划，严密组织，召开了北京市全面推行企业新型学徒制工作会议，邀请全市相关委办局、各区人力资源社会保障局、市属国企集团公司、在京央企、民营企业、各技工院校和部分职业院校代表共计 150 余人参加了会议。面向各区人力资源社会保障部门、各类企业和培训机构开展企业新型学徒制专题培训，针对政策要求、实施过程管理、平台操作等方面进行详细的解读和说明。中央电视台、北京电视台等多家媒体对此进行了详细报道，使企业

新型学徒制政策、亮点、意义深入人心。

(二) 点面结合，全面开花

为扩大政策影响力，宏观层面组织召开政策宣讲会、工作推动会、经验交流会，推动各项政策落实落地，组织专家团队赴各区、各大企业开展政策宣讲20余次。尤其是在2020年8月，北京市新冠肺炎疫情防控进入常态化阶段后，紧抓培训窗口期，及时召开工作推动会，对全市各区人力资源社会保障部门和18个国家级高技能人才培训基地进行再动员、再部署，组织26家开展企业新型学徒制培训工作的培训机构进行培训经验交流，推动培训工作全面展开。为突出重点，加强对劳动密集型企业的宣传动员，创新一线宣传方式，组织专家和区人力资源社会保障部门深入企业、培训机构，把车间、厂房、校园、教室作为宣传阵地，印发宣传手册、开展政策宣讲，对企业、培训机构、学徒开展多角度、多场合宣传动员。

(三) 培树典型，辐射全市

在工作开展的各个阶段，北京市注意发现和树立典型，培育出北京电子控股有限责任公司、北京住总集团有限责任公司、北京地铁技术学校等企业、培训机构典型。通过召开经验交流会、工作通报等形式，将工作亮点、经验传达到全市，以对企业新型学徒制工作起到积极的辐射带动作用。例如，北京电子控股有限责任公司把企业新型学徒制作为产业技能人才培养的重要载体，建立"十四五"人才培养技能人才长效机制；北京地铁技术学校深度对接企业，进行企业用人需求调研，深入摸排人才缺口，编写了配套的《实操手册》，利用"钉钉"网络平台开展教学，创新网络培训方式等，同时及时开展典型交流和宣传通报。

上海市

上海市围绕加快建设"五个中心"、全力打响"四大品牌"对高素质技能劳动者的要求，真抓实干，全面推进企业新型学徒制工作。

一、聚焦重点，细化政策，加强制度建设

2019年3月，为贯彻国家全面推行企业新型学徒制的要求，上海市出台了《关于全面推行企业新型学徒制的实施办法》。

1. 聚焦重点产业，培养对象覆盖两类人员。为满足上海先进制造业、现代服务业和战略性新兴产业，特别是"四新经济"产业发展对新型技能人才的需求，聚焦以新招用和转岗人员为主的企业学徒。

2. 聚焦重点人群，补贴政策向新员工倾斜。上海市将企业新型学徒制补贴标准上限提高到 8 000 元/（人·年），补贴政策向新录用人员倾斜。学徒为实施单位新招用人员的，完成培训和考核，并经实施单位评价合格的，可给予 100% 补贴，体现政策促进高质量就业的导向。

3. 聚焦重点环节，建立全流程管理机制。上海市在制定实施政策时同步出台配套指导手册，明确申报评审、签约注册、培养实施、成果评价、经费补贴、评估监督等各个环节的操作程序，确保企业新型学徒制政策有序实施。

二、精心组织，质量为本，确保规范推进

政策措施出台后，上海市着眼"提高精准度，把好质量关"，多措并举、扎实推进，将政策落到实处。

1. 多方协同参与，确保项目布局合理、评审公正。坚持规划先行、规模可控原则，在市区两级明确目标任务、重点领域和主要措施。实施单位和项目采用部

门协同、专业评审的方式，由人力资源社会保障局会同财政局、经信委、国资委、教委，并组织行业技术、企业人力资源、教育培训管理专家，在单位申报基础上综合平衡、合理布局，有针对性地遴选认定实施单位。

2. 发挥企业主体作用，做实"企校联合"培养新模式。对有意向参与的企业和培训机构，指导双方结合岗位需求共同确定培养内容和培养方案，确保学徒既在企业导师带教下进行实际工作，又在培训机构进行系统学习和技能训练。在进行企业新型学徒制项目评审时，重点考量实施单位培养评价方案质量；在培养成果认定上，重点考量实施单位对学徒岗位表现和技能水平的评价。

3. 加强质量监管，确保操作规范，防控资金风险。借助信息化手段，实现企业新型学徒制培训项目实名制、全过程、动态化网络管理。在每个培养项目启动至补贴资金拨付前，由第三方专业机构实施质量督导，查找问题、落实整改、指导完善，提高资金使用效益。

三、分类施策，激发动力，扩大实施规模

2020年全市继续全面推行企业新型学徒制，持续扩大企业新型学徒制实施规模，结合重点产业和区域经济发展需求，到年底累计认定89家实施单位，开展168个培训项目，支持企业开展企业新型学徒培训1.81万人。

1. 分类指导各类单位积极参与。创新支持全市高技能人才培养基地作为培训载体参与企业新型学徒制工作，指导大型企业类基地为其下属企业和上下游企业、产业园区类基地为其驻园区企业、行业协会类基地为其会员单位的从业人员开展学徒制培训。同时，依托各区吸引优质民营、外资和区属企业等单位参与。目前，实施单位包括在沪央企、市属国企、民营企业、外资企业，张江、临港等园区，以及行业协会、民办非企业社会组织。

2. 坚持实施项目高含金量、多元化、广覆盖。学徒制培训项目涵盖装备制造、交通物流、信息技术、生物医药、公共安全运行、生活服务等多个领域的职业（工种），既有结合战略性新兴产业发展需要的芯片制造、光电子技术、物联网技术、工业机器人应用等项目，又有提升超大城市精细管理效能所需的电梯安装维修、隧道施工等项目，也有保障民生、紧缺急需的养老护理服务等项目，丰富了学徒制实施项目的内涵。

3. 激发企业技能人才培养的内在动力。学徒制政策推出后广受企业欢迎，企业反映政策回应了企业技能人才培养的急难愁盼问题，促进了企业建立完善技能人才培养激励制度。实施单位充分发挥主体作用，形成了一系列创新做法：上海申通地铁集团将学徒制培养项目融入相应职业（工种）上岗证培训体系；上海隧道股份集团有限公司为学徒制定了阶段递进考核制度；上海企顺信息系统有限公司制定了带徒津贴和师徒双奖激励政策；上海市燃气协会颁发学徒培训经历证明，并将其与会员单位薪酬体系挂钩。

湖南省

湖南省大力推行企业新型学徒制，截至 2021 年 3 月，全省共有 219 家企业和 151 家培训机构（含技工院校，下同）参与企业新型学徒制培训，开班 366 个，涉及电工、钳工、焊工等 85 个职业（工种），累计培养学徒 1.68 万人。

一、强化宣传推动，优化工作体系

（一）广泛宣传发动引导

充分运用各类新闻媒体，采取灵活多样的形式，鼓励引导大中型骨干企业申报参与学徒培养。指导市县人力资源社会保障部门对当地企业开展摸底调研，做好企业与培训机构的对接。

（二）打造网上经办平台

依托湖南省公共就业服务平台，开发建设"企业新型学徒制管理"子系统，包括申报企业管理、培训机构管理、培训需求管理、开班备案管理、证书管理和补贴管理 6 个功能模块，实现了企业新型学徒制工作的信息化。

（三）落实考核通报机制

将推行企业新型学徒制工作列入各级政府真抓实干评比和年度绩效考核内容，实行月调度、季通报、年考核，对工作进展较慢的地方重点调研督导，全力推动各项工作落实落细。

二、坚持企业主导，大力开展培训

（一）支持企业依托内设培训中心开展培训

明确企业内设培训中心经专家评估具备相应师资条件和教学设施条件的，可按规定开展企业内部职工培训。探索开辟企业内设培训中心申报绿色通道，实行一次性集中申报、一次性专家评审、一次性审批送达。

（二）遴选培养对象

鼓励企业结合生产实际自主确定培养对象，从签订 1 年以上劳动合同、正常缴纳企业职工养老保险费的一线技能岗位新招用和转岗员工中遴选。各企业累计遴选出培养对象 1.83 万人。企业与学徒签订培养协议，包括培养目标、培训内容与期限、质量考核标准等内容，负责学徒劳动管理和岗位实际操作技能训练。

（三）签订合作协议

企业与委托承担学徒培训任务的培训机构签订合作协议，双方确定培养方式、内容、等级和期限。培养方式采用企校双师带徒、工学交替培养，脱产或半脱产学习。以中级技术工人为培养目标的，每学年学习课程不少于 5 门，总学时不少于 500 学时；以高级技术工人为培养目标的，每学年学习课程不少于 6 门，总学时不少于 650 学时。培养内容主要包括专业知识、操作技能、安全生产规范和职业素养，特别要求工匠精神的培育。培养等级和期限由企业结合岗位需求确定，中级技术工人培养期限 1 年，高级技术工人培养期限 2 年。

三、加强服务管理，提升培训实效

（一）加强培训过程管理

为确保培训质量和效果，严格实施企业新型学徒制培训实名制管理，坚持"凡补必进，不进不补"原则，实现从开班申请、结业考核、补贴申请倒排拨付全过程网上经办。通过定期或不定期抽查培训过程、每学年培训结束后定期组织报送培训过程记录资料等方式，切实加强培训全过程监管。同时推行企业、培训机构"双负责制"，规范学徒管理。

（二）畅通沟通渠道

利用网络平台畅通沟通渠道，实时进行通知发布、信息共享、问题反馈等，加强对培训情况的全过程指导，实现网格化管理"无死角"。如蓝山县依托网络平台建立企业新型学徒制领导小组群、企业新型学徒制管理群、企业新型学徒制培训企业导师和指导教师群、企业新型学徒制学徒群，实现管理全覆盖，使企校领导第一时间了解学徒与企业导师和指导教师之间的互动情况。

四、工作亮点

（一）定制培养方案

全面深入采集企业及学徒的培训需求，形成具有鲜明企业特色的定制化人才培养方案，充分满足企业培训和生产用工需求。如宁远县根据硕宁电子公司生产线运行的实际情况，实施与学徒面对面交流模式，让培训教师走进产线、走入班组，一对一指导学徒，解决学徒在实际操作中面临的问题，真正实现了教学相长。

（二）配优师资力量

为保证培训质量，各培训机构均选派经验丰富的、具有双师型素质的指导教师讲授专业基础课程，同时各企业也选派企业内部技术专家、中高层管理人员讲授部分专业基础课程及通用素质课程。如湖南省湘北职业中专学校严格筛选最适合的教师参与企业新型学徒制培训，有的曾任职华为、富士康等大型企业电气工程师，有的被评为"第四届全国优秀设备工作者"，有的在国家级、省级职业技能竞赛中取得过优异成绩，他们与企业导师一起组成师资队伍。

（三）教学方式灵活

为解决工学矛盾，在传统课堂授课的基础上，增设互联网平台授课，满足企业灵活选择培训时间的需求，同时推行"师带徒"的实践培训形式，以学习推动工作，以工作促进学习。如常德中联重科液压有限公司利用内部云学堂培训平台，开展"线上+线下"培训，方便学徒利用碎片化时间学习。

（四）共享培训资源

针对部分地区培训机构发展不平衡、培训资源不能满足当地培训需求的情况，推动各地优质培训资源在全省范围内流动，弥补培训资源不足等问题，满足企业需求。

广东省

近年来,广东省将全面推行企业新型学徒制作为深入实施职业技能提升行动、提高技能人才培养质量的重要举措,不断健全体制、机制,面向各类企业大力推进实施,进一步扩大技能人才培养规模。2019—2020年,全省累计备案企业新型学徒制培训6.5万人次。

一、主要做法

(一)精心谋划,统筹推进

1. 细化、完善实施方案。紧紧围绕广东省"1+1+9"工作部署,制定出台《广东省全面推行企业新型学徒制实施方案》,明确培训目标任务、"企校双制、工学一体"培训内容,规范培训备案、补贴申领流程,按照培训职业(工种)等级、耗材情况等健全补贴分档标准,完善培训质量评估监管机制。全省21个地级市均制定了操作指引、工作流程等细化举措,进一步明确政府、企业、教育培训机构职责。

2. 统筹规划。建立目标管理责任制,将企业新型学徒制培训纳入全省人力资源社会保障事业发展计划指标,并将其作为各地人力资源社会保障部门重要任务。将实施企业新型学徒培养工程纳入全省职业技能提升行动十大重点工程,与实施职业技能提升行动等民生工程同部署、同推进。各地加大工作力度,积极组织实施,建立健全计划执行监测机制,实行数据统计月报制度,确保完成培训任务。

3. 创新激励政策。考虑到学徒培训周期较长,为降低企业人力资本投入成本,对培训备案的企业可预支不超过50%的补贴资金。对学徒培养规模大、质量高、效益好的企业,优先扶持建设国家级、省级高技能人才培训基地,优先推荐高技能人才培养突出贡献单位。鼓励企业建立学徒培训、评价、使用相结合的激励制度，推动企业建立首席技师制度和企业导师津贴制度，优先扶持优秀企业导师建设技师工作站或国家级、省级技能大师工作室。

（二）服务产业，深化产教融合

1. 坚持以产业发展为导向。鼓励支持全省各地在确定学徒培训项目时，突出重点，精准对接制造业、现代服务业、战略性新兴产业等重点产业需求，对列入企业紧缺急需职业（工种）目录且培训级别在中级工以上的培训项目，可在学徒培训补贴各同等档次标准最高上浮 30%。佛山市结合辖区产业用人需求，确定并公布各区年度企业新型学徒制培训的职业（工种）目录、学徒总名额，保证学徒制对产业发展服务的最大化作用效果。肇庆市围绕特色产业布局，在新能源汽车、先进装备制造、节能环保、服务业、新兴产业等重点发展领域重点推行企业新型学徒制，筛选重点企业高质量开展培训。

2. 深化企校合作培养。发挥企业、教育培训机构各自的人才培养优势，将"企校双制、工学一体"贯穿学徒培养、评价全过程。坚持人才以用为主，由企业主导培训方案设计、培训任务确定。发挥企校双师带徒优势，企业导师重点教授岗位技能实操，帮助学徒掌握和提升技能水平，使学徒"知其然"；教育培训机构指导教师重点教授理论知识，做好与企业实践技能的衔接，指导学徒"知其所以然"。云浮市根据"企业主导""一企一案"的原则，由政府、培训机构和企业三方联合制定符合企业特色的技能人才培养方案。河源市推动河源技师学院立足企业人才培养需求，与企业共同确定培训职业（工种）和参训人员，共同研讨培养方案，制定每一门课的课程标准。

3. 建立精准对接机制。广东省技工教育发达，各地以技工院校为主阵地，聚焦重点领域、重点企业、重点项目，搭建校企合作平台，精准对接服务企业。广州市白云区推动广东省机电技术学院、广州市工贸技师学院、广州市白云工商技师学院等 9 所技工院校与辖区内王老吉药业等 20 家涵盖医药、服装、专业服务、交通运输等行业的大中型用工密集型企业建立精准对接关系。中山市借助每季度用工需求监测，及时掌握企业技能人才需求，推动中山市技师学院等教育培训机构与高技能人才紧缺企业一对一上门服务对接。

（三）广泛宣传，优化服务

1. 广泛宣传动员。各级人力资源社会保障部门充分认识企业新型学徒制培训对创新技能人才培养方式、推动技工教育高质量发展的重要意义，积极借助当地主流报刊、公益宣传栏、城市 LED 显示屏、微信公众号、抖音、南方+等线下线上媒体宣传方式，采取发放宣传册、巡回宣传、专题辅导培训等深度推介方式，不断提升政策知晓度和影响力。深圳市聘请职业培训及教学管理资深专家、律师团队组建企业新型学徒制辅助指导专家组，深入各区举办专题讲座，调动企业、培训机构等各类主体的积极性。中山市依靠中山市技师学院设立的 80 多个技能人才服务站，深入校企合作企业开展宣讲。

2. 优化经办服务。全省统一学徒培训补贴申领流程，统一培训备案、补贴申领材料要求。依托"广东省职业技能培训补贴申领管理信息系统"平台开发全省统一的企业新型学徒制培训备案和补贴申领系统，实现从培训备案到补贴申领全流程全网化、无纸化办理。各地在省统一规定的基础上，进一步简化材料清单，提供相关材料模板等，加快企业新型学徒制落地推广。深圳市探索采用"承诺制"简化企业备案材料，企业提供 1 份"劳动合同承诺书"代替每位学徒的劳动合同，受到企业广泛好评。湛江市从企业申报、备案、实施培训、考核评价、申请补贴等环节的实际需要出发，制定 30 余份工具表单及样表，为企业规范实施企业新型学徒制培训提供保障。东莞市镇（街）人力资源社会保障部门与培训机构、企业建立工作交流群，实时解决问题。

3. 完善配套政策。出台《广东省职业技能培训合格证书管理办法》，统一培训课程目录和标准，统一培训合格证书发放。为满足企业培训多样化需求，成立省职业技能培训课程标准技术委员会，立足产业、地域特色，开发培训课程目录及标准，供企业培训时选择。

二、企业新型学徒制培训实施程序

广东省企业新型学徒制培训实施程序主要包括培训前备案、实施培训、考核评价、申领补贴四个环节，具体如下。

（一）培训前备案

企业新型学徒制培训按照属地管理原则，实施备案审核制度。备案材料包括：

1. 企业新型学徒制备案表。

2. 学徒培养方案（由企业会同培训机构共同制定，内容包括培训目标、培训项目、培训时间、培训计划、师资队伍、考核评价等）。

3. 企业与学徒签订的培养协议。

4. 企业与培训机构签订的合作协议。

5. 学徒名册及身份证、劳动合同复印件。

经所在地人力资源社会保障部门审核后列入学徒培训计划的，财政部门可按规定向企业预支不超过50%的补贴资金，具体补贴标准和方式由各地级以上市人力资源社会保障部门会同财政部门确定。

（二）实施培训

企校双方按照培养方案和合作协议约定，共同培养学徒，并实施实名制信息管理。建立培训台账，详细记录学徒姓名、年龄、性别、身份证号、学历、培训职业（工种）、学校班次、培训时间、考核成绩、技能等级和联系方式等。

（三）考核评价

学徒培训期满，企业和培训机构按照国家职业技能标准和学徒培养方案确定的考核评价内容开展评价。企业组织学徒参加职业资格评价（或职业技能等级认定）或结业（毕业）考核，合格者取得相应职业资格证书、职业技能等级证书、专项职业能力证书、培训合格证书、毕业证书。已实施技能人才自主评价的企业，可按照有关规定自主对学徒进行技能评价。

（四）申领补贴

企业完成全部培训任务后，向当地人力资源社会保障部门申请学徒培训补贴。

1. 企业申领学徒培训补贴需具备的条件

（1）学徒培训项目经当地人力资源社会保障部门审核备案。

（2）企业和培训机构合作，按相关要求实施学徒培训。

（3）学徒按规定参加考核评价并合格。

2. 企业申请学徒培训补贴时应提供的材料

（1）获得职业资格证书、职业技能等级证书、专项职业能力证书、培训合格证书或毕业证书、学徒名册表（含编号）及复印件。

（2）不低于10次的培训视频资料。

（3）培训机构出具的行政事业性收费票据（或税务发票）。

（4）企业在银行开立的基本账户等信息符合财务管理规定的凭证材料。

相关材料经人力资源社会保障部门审核同意后，由财政部门按规定将补贴资金支付到企业在银行开立的基本账户；已预支部分培训补贴资金的，按实际应补贴金额扣除预支部分后支付剩余资金。

重庆市

近年来，重庆市围绕推进重大发展战略和脱贫攻坚重大行动，以需求为导向，以改革为动力，积极推动"企校双制、工学一体"的企业新型学徒制培训。2019年以来，重庆市全面展开企业新型学徒制培训工作。2019—2020年，共开展企业新型学徒制培训5.5万人次，惠及1800多家企业，涉及300多个职业（工种）。主要做法如下。

一、多方联动、协同推进，确保学徒制培训启动有力

重庆市人力资源社会保障局会同财政、教委、经信委、国资委等部门联合印发政策文件，积极扩大工作影响力和覆盖面，确保在多部门协同推进下启动有力。制定《重庆市企业新型学徒制培训操作流程》，细化目标任务、范围对象、培训内容、培训模式、保障措施、实施步骤、操作流程和相关要求，确保工作有针对性和可操作性。积极对接财政部门，落实补贴工作经费。通过经信委、国资委等部门，向重点企业宣传基本政策，搞好组织发动。召开企业新型学徒制工作培训会，邀请相关部门负责人对企业和培训机构进行业务、流程培训，确保学徒制培训不变形、不走样、不打折。举行企业新型学徒制启动仪式，邀请相关部门负责人、学徒代表、导师代表和新闻媒体500余人参加，广泛宣传优惠政策，不断激发企业参与的积极性。编印《企业新型学徒制培训读本》，将重庆技能大师、工匠人才的成长成才事迹汇编成册，用身边人引导学徒的参训热情。

二、企校合力、畅通渠道，确保学徒制培训实施高效

充分发挥企业在学徒制培训工作中的主动性，尊重企业自主权，兼顾产业需求、行业需求和企业需求，通过自上而下和自下而上两种方式，发动企业主动申

报参与。在具体实施过程中，一方面主动联系企业主管部门，由其统筹推荐符合条件的企业，人力资源社会保障部门会同企业主管部门，共同做好政策宣传和解读，了解企业需求，有针对性地制订培训方案；另一方面充分发动培训机构主动对接各类企业，开展培训合作，提出培训申请，经有关部门审核同意后将其纳入培训范围。结合技工院校招生宣传月、世界青年技能日等活动，组织大中型企业、职业院校特别是技工院校、其他培训机构召开企校对接会，将企业新型学徒制培训与技工院校招生、毕业生就业、兼职教师聘用结合起来，通过产教融合、企校合作，加强企业与培训机构的相互了解，帮助企业围绕培训需求选择培训机构，开展企业新型学徒制培训。

三、建章立制、落实责任，确保学徒制培训开展有序

重庆市人力资源社会保障局会同财政部门印发企业新型学徒制培训申报流程、政策解读材料，将申报、审核、资金拨付等环节有关权力全部下放给区（县）人力资源社会保障部门，落实"放管服"要求，支持企业就近就地申报组训。推行终身职业技能培训制度，开展职业技能提升行动，将企业新型学徒制作为重要培训项目，作为新冠肺炎疫情期间稳岗组训的重要举措。会同财政部门完善学徒制补贴政策，将《中华人民共和国职业分类大典（2015年版）》中的技能类职业（工种）全部纳入补贴培训范围，对于培训后取得职业资格证书的或中级工、高级工职业技能等级证书，分别给予5 000元/（人·年）、6 000元/（人·年）的培训补贴；对于培训后取得专项职业能力证书、培训合格证书的，按4 000元/（人·年）标准给予补贴。加强培训课程指导，规范"10%通用能力、30%职业能力、60%岗位能力"的课程体系标准，组建全市职业技能培训专家库和川渝职业技能培训专家咨询委员会，联合审定人才培养方案和课程标准，共同开发企业新型学徒制课程资源库和工学结合教材，健全包含师资管理、考核评价、督促检查、意见反馈、质量评估等内容的制度体系，统一规范培训资料档案，做到机构落实、人员落实、责任落实、方案落实、资金落实、奖惩落实。

四、信息管理、严格程序，确保学徒制培训监督到位

全面推行职业技能培训实名制管理制度，在重庆市职业培训信息管理平台上

开设企业新型学徒制培训模块，实现网上申报、查询、校验、审核、统计和汇总，简化操作流程，提高工作效率。所有参与企业新型学徒制培训的企业除提交必要的纸质资料外，其他材料一律通过网上申报，简化的申报流程减轻了企业申报负担。利用信息管理平台与社保系统、职业技能等级认定系统、实名制培训系统的数据交互，实现网上校验和审核，加强对培训人员、培训过程、培训结果的全方位监管。开发重庆市智能就业培训平台，评审认定 16 个第三方线上培训平台，全面推行"互联网+"企业新型学徒制培训，健全网上抽点、生物识别、自动核校等监管措施，确保企业职工本人真学习、有实效。结合职业技能提升行动质量年活动，组建质量督导员队伍，分片包干开展学徒制培训过程督导、评价督导、资金督导、效益督导。采取政府采购服务的方式，组织会计师事务所开展第三方专项审计，对于发现的培训打折扣、资金"跑冒滴漏"的情况，从严从快查处整改，确保资金安全、培训有效。

甘肃省

甘肃省通过统筹部署推进、做好政策宣讲、主动服务企业、健全培养机制、创新培养模式、企校合作、工学交替等多种方式，全面推行企业新型学徒制，为加快企业转型升级提供技能人才支撑。

一、加强组织领导，完善制度保障

在全省范围内指导各市（州）人力资源社会保障部门按照"政府引导、企业为主、院校参与"的原则，推行"企校双制、工学一体"模式的企业新型学徒制。

（一）建立健全责任机制

甘肃省按照"企业组织、学校教学、部门监管"的原则，明确了企业、技工院校和人力资源社会保障部门的工作职责，对工作推进、政策宣传、人员组织、教学安排、资金支持等环节进行了安排和部署。天水市天光半导体有限责任公司将企业新型学徒制项目列为年度重点工作，成立领导小组和负责项目实施的教学、管理、监督三个工作小组。

（二）统筹做好经费保障

《甘肃省全面推行企业新型学徒制的实施意见》（甘人社厅发〔2019〕3号）提出，补贴数额按照企业支付给技工院校培训费用的60%确定，每人每年的补贴标准原则上应控制在 4 000~6 000 元。承担带徒任务的企业导师享受导师带徒津贴，津贴标准由企业确定，费用由企业承担。企业对学徒开展在岗培训、业务研修等企业内部发生的费用，符合有关政策规定的，可从企业职工教育经费中列支。酒泉钢铁（集团）有限公司按照人均 1 000 元的标准，保障企业新型学徒培训的课时费、场地费、实训设施使用费、材料费等培训开支。

二、强化工作实效，规范培训过程

（一）建立"六步法"培训工作运行模式

结合企业新型学徒制培养要求，构建了较为完善的管理机制，建立了"六步法"培训工作运行模式，即签订企校培训协议，确定培训工种，制订培训计划，优选企业导师和指导教师，抓好培训过程管理，开展考核评价。企校紧密配合，以过程性考核和结业性考核相结合的方式，同时进行学徒自评、师生互评的多元化成绩评定。

（二）制订个性化培养方案

指导技工院校主动与企业对接，深入企业调研摸底，了解生产现场用工和人才培养需求，认真分析企业需求，确定培养职业（工种），制订培养计划，开发相关课程，开展学徒培训。鼓励企业制定"学徒—优秀员工—技术能手"的学徒培养梯度规划，实现以岗位职业能力和职业素养为培养目标的整体化培训。甘肃长风电子科技有限责任公司明确企业和技工院校双方职责，通过学校评价、学徒评价、导师自评等方式对导师和学徒进行双向考核，实现师徒能力素质"双提升"。

（三）运用多样化培训方式

按照"双导师"培养模式要求，指导企业通过课堂讲授、线上教学、学生自学、教师辅导等方式开展培训。甘肃长风电子科技有限责任公司利用"职培云"等平台资源开展培训。兰州铁路技师学院将学徒全部注册在"中国职业培训在线"，通过班级管理开展通用素质课程、专业基础课程教学。平凉市静宁县工业品纸箱制造厂与培训机构开展以综合职业能力培养为目标的培训，确立了"塔式1234"课堂教学模式：1个核心即能力培养，2个关键即任务驱动、问题引导，3维目标即知识、能力、职业素养，4个环节即预习导学、任务处理、交流评价、检测反馈。

（四）注重"面对面"带动引领

企业导师和指导教师以身作则传授职业精神和职业道德。金昌技师学院组织刚入职的学徒参加工匠劳模面对面讲座或座谈，零距离感受劳模精神、劳动精神和工匠精神。先后邀请了世界技能大赛冠军陈子烽，大国工匠、全国劳模潘从明，全国劳模彭明，陇原工匠杨秉松，青年岗位能手李自玺等。

（五）做好"服务式"技能评价

强化政策宣传，进一步发挥企业主体作用，支持企业开展培养、使用、评价和激励等工作。对获得相应学分、技能水平达到国家职业技能相应等级标准的学徒，安排其参加职业资格评价或职业技能等级认定。陇西一方制药有限公司建立了以技术和管理为培养方向的"十级双通道"人才发展模式，使学徒能够根据个人知识、技能以及发展意向选择不同的职业发展通道。

三、严格培训监管，确保学徒质量

开班和培训过程中严格落实审核备案和监督检查制度，企业及时向人力资源社会保障部门报备相关资料。人力资源社会保障部门将学徒信息录入"甘肃省大就业信息系统"，实施实名制监管，确保培训质量。人力资源社会保障部门开展培训监督检查，指导企业建立包括培训职业（工种）、学校班次、培训时间、考核成绩、技能等级等内容的培训工作台账，对培训机构、培训过程和培训结果加强监管、实时监控，严格考核验收。企业完成培训计划后，人力资源社会保障部门认真审核培训视频资料、培训机构出具的收费票据，坚决杜绝弄虚作假、套取资金等问题发生。

四、特色做法

1. 兰州铁路技师学院与中铁一局集团市政环保工程有限公司合作开展企业新型学徒制培训，组织企业新招录员工入岗前到学院进行为期一个月的岗前培训。结合入岗后施工项目比较分散的实际，指导教师主要通过网络开展培训，企业导师主抓实操技能培训，项目冬歇期内，所有学徒到学院进行集中培训，有效提升了学徒对工程测量等技能的掌握能力。

2. 甘肃冶金技师学院与23家企业单位签订了企校合作培养协议或校外实训基地协议，同时制定了《企业新型学徒制工作实施方案》《企业新型学徒制学生学籍管理办法》《企业新型学徒制弹性学制管理办法》《企业新型学徒制毕业评估及考核细则》《企业新型学徒制补贴资金管理办法》等。

3. 兰州兰石集团有限公司根据培训效果评选优秀企业导师，将其纳入集团师资库，并颁发荣誉证书和奖金；根据学徒参训表现和培训考核结果评选优秀学徒，颁发荣誉证书和奖金，优秀学徒可通过集团内部认定程序破格晋升一级职业技能等级，最高为高级工；根据各单位培训组织人员的工作绩效评选先进个人，颁发荣誉证书和奖金。

陕西省宝鸡市

近年来,陕西省宝鸡市按照"企校双制、工学一体"的思路,探索开展以"招工即招生、入企即入校、企校双师联合培养"为主要内容的企业新型学徒制培训,初步构建了学习过程与工作过程于一体、实操培训与工作任务于一体、教学场地与工作现场于一体、学习者与工作者于一体的"四位一体"企业新型学徒制培训模式,让企业新员工接受企业培训与院校教育"二对一"培训。学校系统教学、企业加强实操,全力打通企业技能人才供给的"最后一公里"。2019 年以来,宝鸡市累计开展企业新型学徒制培训 6 000 余人,预拨培训补贴资金 2 500 余万元,为企业急需紧缺人才培养提供了有力保障。

一、突出特色,完善学徒培养新机制

宝鸡市突出企业特色,按照"一企一模式、一企一方案"原则,充分发挥工厂"案例教学"模式,根据不同职业(工种)设置不同学习课程、进度计划、考核标准等,组织相关技工院校完成了 30 余个常用职业(工种)培训教学方案的制订工作。不断完善企业新型学徒制培训制度体系,编制《宝鸡市新型学徒制培训工作指南》,制定出台企业新型学徒制操作办法、操作流程、师资优选办法、教学管理制度、学徒考勤考核制度等 10 余个标准性、制度性文件,为工作开展提供了制度支撑。实行学分制教学质量评价,从理论学分、实操学分、考勤学分、在岗训练学分四个方面对学徒进行综合考评,建立了切合实际、行之有效的学习效果评价体系。加大职业培训补贴支持力度,按照中级工 6 000 元/(人·年)、高级工 10 000 元/(人·年)的标准给予企业培训补贴,充分调动企业、院校参与企业新型学徒制培训的积极性。

二、选优配强，建立"企校双师"新模式

突出企业、院校"双主体"，依托宝鸡技师学院、宝鸡铁路技师学院等品牌名校，充分发挥技师学院办学优势，以宝鸡市产业、行业和企业需求为导向，深入工业园区、产业聚集区开展需求调研和指导服务，摸清培训需求和堵点、难点，制订企业新型学徒制培训方案，引导企校深度融合。企业选拔首席技师、技能大师、技术能手等优秀高技能人才担任学徒企业导师，以指导学徒进行岗位技能操作训练为重点，讲授实操技能和生产经验；院校选择专业知识广、操作技能强的优秀教师作为学徒指导教师，强化专业理论知识与实践技能操作的衔接，有效促进学徒技能水平与职业素养双提升。2019年以来，600余名优秀企业导师、院校指导教师加入企业新型学徒制授课队伍，受到学徒一致好评。

三、形式灵活，创新教学培训新举措

结合企业生产和学徒工作生活实际，将教室搬进车间，将课堂放在线上，采取工学结合、工学交替、线上+线下等弹性方式开展培训，工作日学徒在企业岗位训练学习，周末及业余时间学徒通过"掌上学""网上学""帮扶学"等方式灵活学习，全力打造"四位一体"企业新型学徒制培训模式，有效解决工学矛盾突出问题。搭建"职培云"宝鸡分平台，鼓励企业将通用素质培训、易于理解的理论知识放在线上供学徒学习，线下集中讲授理论难点及学徒疑点，在方便培训的同时确保培训效果。培训中，针对集中实操较难实施的问题，支持企业和院校根据实际联合制定学徒培养方案和课程标准，共同开发课程资源和工学结合教材；鼓励企业结合生产需要，由企业导师带领学徒分小组按课题依次开展实操训练，有效提高实操针对性，解决集中实操难以开展、效果不佳的问题。构建了全年不少于600课时，其中"10%通用素质课程、20%～40%专业基础课程、25%～35%课题实操、25%～35%在岗训练"的弹性课程体系，有效增强了学用结合度和培训灵活度。

四、落实待遇，激发人才成长新活力

企业新型学徒制培训结束后，学徒按规定参加职业资格评价或职业技能等级

认定，企业按照学徒取得的职业资格证书或职业技能等级证书落实工资待遇。宝鸡机床集团有限公司、宝鸡法士特齿轮有限责任公司等企业先后出台五星级技能人才待遇标准、技能人才奖励机制等激励措施，实现学徒技能水平与薪资报酬双提升。宝鸡石油机械有限责任公司将企业导师带徒情况与岗位评聘、年度考核相结合，对优秀企业导师在年终评优、岗位晋升中予以优先考虑。一系列激励措施，充分激发了"师""徒"参与培训的积极性、主动性，促进学徒能力培养与企业岗位需求无缝对接，既解决了企业人才短缺问题，又提高了技术工人工资待遇，实现了企业、导师、学徒三方共赢。

企业典型经验

山西杏花村汾酒厂股份有限公司

山西杏花村汾酒厂股份有限公司（以下简称汾酒公司，隶属于汾酒集团）是山西省实施企业新型学徒制培训计划任务的企业之一，2020年承担学徒培训计划任务200人。

汾酒集团公司周密部署、精准施策、强力推进、高标准要求、强力度保障、全技能覆盖、重实效培养，不断健全完善培训管理各层级责任、职业技能培训体系、职业能力评价体系、政策支持保障体系，创新汾酒技能人才培养模式，大力开展企业新型学徒培养工作，达到了预期效果，学徒考核通过率达90.5%。

一年多来，汾酒公司在企业新型学徒制这种新的技能人才培养模式中，逐步总结出了"首带负责、双师培养，政策保障、工学一体，强化激励、长效机制"的技能人才培养经验。

一、首带负责，双师培养

"首带负责、双师培养"，即首位带徒企业导师全面负责学徒的成长成才，企

汾酒公司召开企业新型学徒制工作推进大会

校双师明确联合培养分工。

汾酒公司针对企业新型学徒培养工作，成立了领导组和工作组，按照"政府引导、企业为主、院校参与"的原则，与山西轻工职业技术学院、山西机械高级技工学校合作，建立了企校联合工作机制。公司作为实施主体，对学徒、企业导师及其所在单位的管理内容都做了明确规定，全方位保障学徒培养工作高效开展。

（一）企业和院校共同制订学徒培训计划，明确培训方式和内容，坚持"一徒一策"培养方案，注重效果评价

汾酒公司与合作院校共同制订学徒培训计划，对企业导师和院校指导教师所承担的培训内容和培训方式做出了明确规定。院校负责选拔优秀教师作为指导教师对学徒进行集中培养，加深学徒对所从事职业（工种）理论知识的理解，增强学徒将知识力转换为生产力的能力；汾酒公司负责选拔优秀的高技能人才担任学徒的企业导师，安排培训任务，并对企业导师的教学过程进行监督。学徒操作技能的培养主要依托企业导师完成：一是企业导师更了解公司岗位技能，在长期的工作实践中也积累了丰富的解决实际问题的经验；二是学徒在培养期满后，可以在本职岗位上有效提升岗位技能，更好地服务生产。企校双方共同对学徒、企业导师进行培训期间的组织管理、考核评价等。

（二）企业与企业导师、培养学徒签订三方协议，对各自的权责做出了明确规定

1. 企业导师权责。了解学徒的知识和技能水平，有针对性地制订培训计划；结合日常工作对学徒进行安全生产知识和岗位技能操作培训，按要求完成培训计划和培养目标；对不用心钻研业务、进取心差、不尊重岗位或导师的学徒，有权提出取消该学徒参训资格的建议；享受带徒津贴。

2. 学徒权责。参加培训，并严格遵守相关规定；在培训期间有义务接受企业和合作院校的管理、考核与评价；培训期间严格遵守设备安全操作规程和技术工艺流程，严格要求自己，虚心学习各项知识、技能，不断提高自身技能水平和职业素养，完成培训学习任务，达到培训相关要求；对不用心传授技能的导师，有权向企业新型学徒制领导组提出申请更换该导师。

3. 学徒所在单位职责。负责组织本单位学徒培养工作的实施；负责企业导师的选拔；积极支持导师根据培训计划开展各项技能培训；安排专人对接本单位学徒培养工作；负责合理调配工作力量，满足学徒培训时间需求。

二、政策保障，工学一体

"政策保障，工学一体"，即认真贯彻落实人力资源社会保障部、省人力资源社会保障厅等部门出台的相关政策以及有效利用各类培训资源，统筹安排学徒工作和学习。同时，公司职工教育培训部联合公司各用人单位，与合作培训机构仔细研究分析企业新型学徒制的相关政策、制度，从培养目标、培养对象、导师选拔、培训内容、培训形式、培训时间、效果评估等方面进行沟通，在充分了解用人单位人才培养需求的基础上，完善培训计划，确定培训内容，选定培训教材。

（一）培养目标

在公司"小批量、多层次、个性化、针对性、阶梯性、适用度"的培训工作思路基础上，汾酒公司明确了企业新型学徒制两个"123"的培养目标。即：力争实现汾酒公司生产岗位后备技能人才队伍"一年跟着干，两年独立干，三年成骨干"；力争实现汾酒公司生产岗位后备技能人才队伍"精一会二懂三"，即精通本岗位的专业技能，掌握本岗位上下端两项工序的作业要求，懂得本系统职业内3个相关职业（工种）的基本知识。

(二)培养对象及导师选拔

在学徒选择上,从与公司签订1年以上劳动合同的员工中选择有一定专业基础、岗位需求量大且技能提升意愿强的员工进行培养。在企业导师的选拔上,汾酒公司也制定了严格的标准,承担带徒任务的企业导师需具有高级工及以上职业资格或技能等级。为保证带徒效果,一名企业导师带徒数量不超过10人,鼓励一师带一徒。企业导师负责指导学徒进行岗位技能操作训练,帮助学徒逐步掌握并不断提升技能水平和职业素养。

企业导师指导学徒技能操作

(三)培训内容和培训形式

1. 通用素质课程培训。有效利用线上资源进行通用素质课程培训,保障了新冠肺炎疫情期间学徒培训工作的顺利开展。通用素质课程主要包括"中国职业培训在线"平台为学徒创建的企业新型学徒制培训课程(含入企必读、安全生产、法律常识、工匠精神、职业素养以及世界技能大赛先进事迹巡回报告六项内容),以及汾酒文化、职业健康、办公软件、职业生涯规划等16门公司内训课程。

2. 专业理论培训。充分利用夏季停产时间,线下培训专业基础知识,夯实学徒专业理论基础。

3. 操作技能培训。企业导师在实训车间对学徒实施贯穿全年的岗位操作技能培训,保证了所学技能的实用性和精准性。

实践篇

线上班级学习记录			
培训机构：山西杏花村汾酒	班级：汾酒集团新型学徒培训班1班	开班时间：2020.03.11–2020.04.30	
完成学习人数：86	学时总数：23.0	课程时长（分钟）：869.16	

学习内容				
序号	课程类型	课程名称	课程学时/模考总分	课程时长（分钟）
1	资源	入企必读—企业新型学徒制培训教材PPT	0.0	0
2	章节课程	职业素养（试听）—企业新型学徒制通用素质视频课程	1.0	40.92
3	资源	职业素养—企业新型学徒制培训教材PPT	0.0	0
4	章节课程	工匠精神—企业新型学徒制通用素质视频课程	10.0	307.88
5	章节课程	世界技能大赛先进事迹巡回报告	9.0	390.3
6	资源	工匠精神—企业新型学徒制培训教材PPT	0.0	0
7	章节课程	安全生产（试听）—企业新型学徒制通用素质视频课程	1.0	33.08
8	章节课程	法律常识（试听）—企业新型学徒制通用素质视频课程	1.0	39.05
9	资源	法律常识—企业新型学徒制培训教材PPT	0.0	0
10	章节课程	入企必读（试听）—企业新型学徒制通用素质视频课程	1.0	57.93
11	资源	安全生产—企业新型学徒制培训教材PPT	0.0	0

学徒参加"中国职业培训在线"平台企业新型学徒制培训班学习记录（部分）

学徒参加汾酒公司企业新型学徒制线下培训

三、强化激励，长效机制

"强化激励，长效机制"即强化对导师和学徒的双向激励，建立技能人才培养长效机制。为此，汾酒公司专门制定了《企业新型学徒培养工作管理办法》，内容

· 53 ·

包括学徒培训出勤管理、学徒考核管理、导师授课管理、导师考核管理、津贴及奖励等。

(一) 学徒培训出勤管理

学徒培训出勤管理由职工教育培训部负责。迟到、早退达 3 次者，扣 0.5 学分/次；迟到、早退达 3 次以上 6 次以下者，扣 1 学分/次；遇公务或私事与培训时间有冲突时，学徒须办理请假手续；学徒参加培训，须亲自签到，代签学徒和被代签学徒均扣 1 学分/次。

(二) 学徒考核管理

对学徒实行严格的学分制考核，考核内容包括出勤、作业情况、课堂表现、考核纪律四部分。出勤学分为 1 学分/天，作业情况为 2 学分/次；课堂表现与考核纪律为扣分项，每有一次扰乱课堂秩序、影响其他学徒培训的情形扣 1 分，在认定考核中出现违纪情况报相关部门处理。学徒累计学分高于 80 分视为合格，日常考核合格者，方可参加职业技能等级认定考核。

学徒参加考核

(三) 导师授课管理

导师在培训实施前制订学徒培训计划并在职工教育培训部存档，导师授课培训资料包括培训大纲、培训评估、培训签到表、授课视频等。导师需撰写学徒评价报告，包括学徒工作表现、岗位技能、培训情况等。

（四）导师考核管理

导师考核为阶段考核，考核内容包括培训计划、学徒评价、培训学时三部分。培训期满，统计导师培训学时完成情况，由本单位负责人对导师进行考核。

（五）津贴及奖励

培训期满，承担带徒任务的企业导师享受导师带徒津贴。汾酒公司对考核成绩高于 85 分的合格导师，全额发放津贴。导师带徒津贴标准为 50 元/（人·月）；学徒培训期满，经职业技能等级认定考核合格，导师可另外获得一次性带徒津贴 600 元/学徒。学徒培训期满，经职业技能等级认定考核合格，学徒可获得一次性培训津贴 500 元/人。

北方华锦化学工业集团有限公司

2019年，辽宁省及盘锦市人力资源社会保障部门和财政部门先后印发全面推行企业新型学徒制的实施意见，文件对企业新型学徒制培训的实施流程、培训申报、培训对象确定、补贴标准等方面进行了明确规定。2019年年末，北方华锦化学工业集团有限公司（以下简称华锦集团）认真研究相关文件要求，结合企业实际，制订了华锦集团企业新型学徒制培训实施方案，明确了培训目标、实施流程、企校合作方式、奖励措施等培训事项，在华锦集团全面推行企业新型学徒制。2019年和2020年华锦集团争取到盘锦市759个学徒培训名额，培训结束后可获得培训补贴约380万元。主要做法如下。

一、明确培训具体目标，力求精准实施培训

结合企业新型学徒制培养要求，2020年年初，华锦集团与合作培训机构共同制订了《华锦集团企业新型学徒制培训实施方案》，明确了培训目标，即2020年1月至2021年年底完成两届企业新型学徒制培训任务，每名学徒完成通用素质课程、专业基础课程和操作技能课程共500学时的学习任务，培训合格率达到95%以上，培训合格学徒通过职业技能等级认定考试，取得职业技能等级证书。

开课前，华锦集团按照企业新型学徒制培训学时及认定考核要求，根据国家职业技能标准组织编写培训考核大纲83个，明确了各职业（工种）学徒需要掌握的理论知识、实操技能及有关学时要求，既符合国家职业技能标准又契合基层生产装置实际，为后续精准施训提供了参考依据。

二、跨专业、职业（工种），开展新型学徒培训

华锦集团结合企业特点、装置需要、技能提升需求等情况，对学徒进行了跨

专业、跨职业（工种）划分，如仪表相关专业与电工相关专业互跨、化工专业与其他相关职业（工种）互跨。

在严格按照培训大纲教学、保证日常培训学时的同时，根据 759 名学徒的职业（工种）分布情况和中级工培养目标，将集中授课课程划分为化工、仪表、电工、检修、安全和通用素质六类课程，并运用问卷网进行了课程需求征集，相关结果经整理后形成"华锦集团企业新型学徒集中授课清单"，由合作培训机构根据企业的课程清单在企校内外优选师资，完成教学任务。

三、增加线上课程占比，真实管理虚拟班级

所谓虚拟班级，是指因网课培训需要，围绕培训目标而设立的完成阶段性培训的班级。新冠肺炎疫情期间，为保证装置连续运行，减少不必要的接触和风险，华锦集团快速反应，及时调整培训计划，暂停全部线下培训，将四大类共 936 学时的集中授课课程全部录制成视频。

这期间，企校双方高度配合、协同作战，快速模课、录制、试听、配音、剪辑、制作、成片，利用 3 个月时间高质量地完成了视频制作，保证了后续培训能够如期完成。通过积极探索、指导及管理，利用"中国职业培训在线"平台，实现网上创建班级、配置课程、完成授课，真正实现了虚拟建班、真实管理，有效规避了新冠肺炎疫情期间的接触风险，解决了工学矛盾。

四、善用各类培训资源，强化培训实操训练

运用问卷网分类征求课程意见和培训建议，明确学徒对课程针对性、岗位适用性、重点难点问题、急需程度等要求，对相关结果汇总整理后形成集中授课清单，作为培训大纲的辅助部分。

应用在线学习平台，将录制好的课程上传至后台，分专业创建班级并配置课程，解除了化工企业学徒倒班制、必学课程多等工学矛盾限制，应用手机登录账号即可学习，也符合目前青年学徒的学习习惯。

2020 年华锦集团共投入 176.5 万元建设仪表实训室和多功能培训室，应用仿真软件和半实物仿真设备等，实现上机培训、考核、仿真操作等，为提升培训质量、开展网络教学等提供了软硬件支持，解决了化工生产装置不能开展现场实操

培训，化工类软件投入大、更新快，对场地和水电通风等要求高，需要专人教学指导等突出问题。学徒通过模拟练习，加深了对相关工艺的了解和掌握，锻炼了动手能力。

五、开展培训考核评价，建立质量评价体系

科学的评价与认定是检验企业新型学徒制实施效果的重要环节。为了保证学徒质量，达到既定培养目标，在培训质量监控与评价方面，实行企业和合作培训机构两级监控、共同管理。建立监督评价小组，对培训全过程进行督导，采取定期检查与随机抽查、过程性检查与效果监测相结合的方式，形成管理、督导、评价、反馈和企业评价相结合的培训质量评价保障体系。

华锦集团职业技能等级认定站是首批在辽宁省备案的认定机构。在本次企业新型学徒制考核中，华锦集团在学徒结课后第一时间组织学徒参加考核认定。考核认定严格按照流程进行，分理论考试和实操考核两部分，同时对学徒的日常培训笔记和线上线下培训学时进行核实，以保证培训质量。

经考核认定，学徒取得中级工职业技能等级证书的，华锦集团兑现奖励2 800元/人，对应奖励导师800元/人（每名导师年带徒不多于3人）。同时，每名学徒申报参加职业技能等级认定的450元报名费用由企业承担，这样极大地激发了学徒参加培训的积极性。

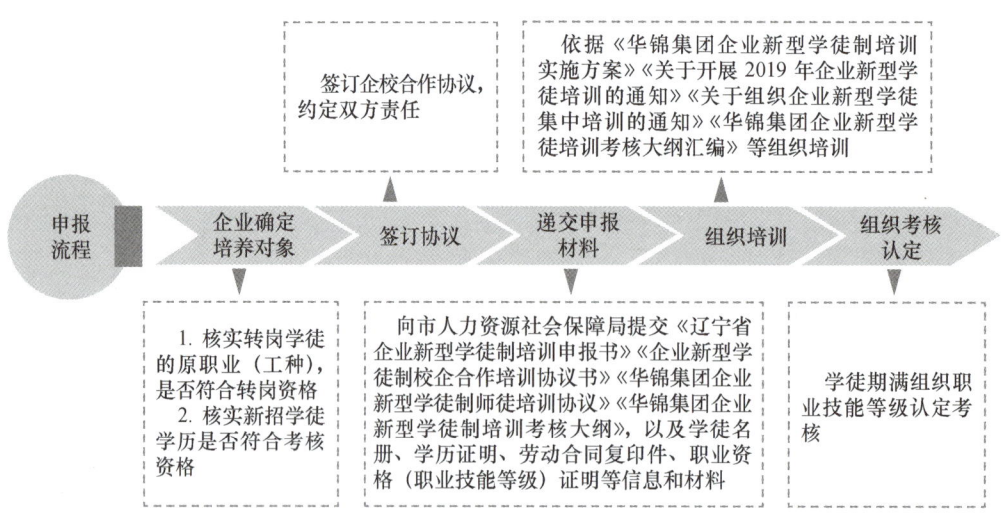

华锦集团企业新型学徒制培训申报流程

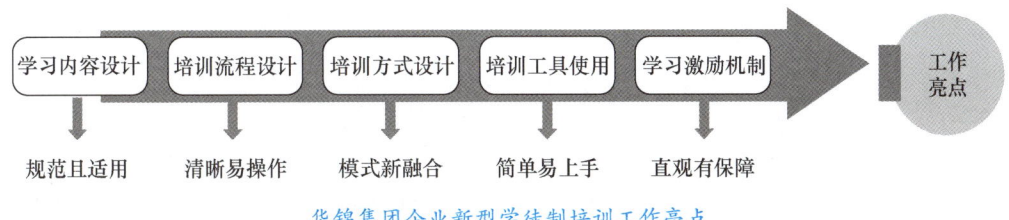

华锦集团企业新型学徒制培训工作亮点

上海久事公共交通集团有限公司

上海久事公共交通集团有限公司（以下简称久事公交集团）高度重视技能人才队伍建设工作，充分发挥和深度融合上海市高技能人才基地品牌建设，在企业新型学徒制工作中形成了富有特色的运作机制。久事公交集团巴士培训公司按照集团"做大做强"人才培养的要求，以"1+4"人才队伍建设为抓手，运用新科技、新理念和新战略，借鉴了相关行业的经验做法，在理论性、操作性和针对性上进行了初步探索。

一、加强理论与实践的研究，积极探索企业新型学徒制

为加快构建创新能力强、服务品质优的现代公共交通行业服务体系，急需培养和造就一支懂科学、懂管理、技能精湛且具有工匠精神的高技能人才队伍，这对培训公司的培养目标提出了更高更迫切的要求。

（一）坚持把深化改革、调整结构、发展经济与促进人才队伍建设有机结合

统筹推进不同层次、不同专业领域智能型、技能型人才的培养开发，鼓励技能人才参与重大技术攻关和技术创新、解决关键技术岗位的技术难题，形成了覆盖企业公交汽车驾驶员、汽车维修工等主体职业（工种）的技能实训项目体系，不断优化职工队伍和技能人才的梯次结构与专业结构。

（二）坚持把人才队伍培养与集团"十四五"总体战略规划发展紧密结合

认真研究为谁培养人才、培养什么人才、怎样培养人才。一是加强顶层设计，以实践久事公交集团愿景为使命，将培训公司的培养目标与员工发展意愿相结合，自上而下地形成统一的认知度和价值观。二是弘扬企业文化，将培训公司打造成企业文化与企业员工相融合、相对接的战略平台。三是价值定位，在研究人才培养"做大做强"的基础上，着力于培训公司对员工培养赋能的价

值贡献。

（三）坚持倡导履行社会责任，发挥培训公司培养企业新型学徒的作用

培训公司经过为时两年半的企业新型学徒制培训的完整周期，开设了道路客运汽车驾驶员、新能源汽车维修工两个职业（工种）的企业新型学徒制培训班，共计培训 1 078 名学徒，经考核认定，合格率为 100%，顺利完成了目标任务。同时，2021 年第五批道路客运汽车驾驶员和新能源汽车维修工培训也已启动，预计将完成 800 人次的培训。

二、实施合作教学共管机制，落实教育培训监测评估和跟踪检查

企业新型学徒制培训不仅推进了教学管理、教学形式、教学内容的转变，更促进了教学理念、教学水平、教学方法的提升。在企业新型学徒制培训过程中，培训公司不断摸索、不断完善、不断创新，主要做了四个方面的工作。

（一）突破学徒管理的局限，实施企校合作机制

在传统的成人教育培训中，最大的特点是业余学习，最大的管理难点是学徒的出勤。为了做好企业新型学徒制培训工作，培训公司大胆改革，与企业协调一致，分工合作。实行企校无缝对接的考勤管理，由学校管出勤记录，企业管缺勤考核。学徒每天用身份证电子签到，班主任上课前和下课后均点名，并进行纸质签到。每月月末将学徒考勤记录报给企业，由企业按《员工手册》和经济责任制进行考核，有效地提升了学徒的出勤率。

同时，培训公司利用自有软件平台对学徒在培训期间实行全生命周期的管理，即从学徒报到至结业，实行学徒信息登录、表现记录、考勤管理、教学实施、认定考核、结业评价等信息全记录、无遗漏的管理，使企业通过学徒的结业评价报告能够看到学徒的培训全过程，为企业选用技能人才提供了真实可靠的依据。

（二）突破教学内容的局限，实施高仿真实训

为配合企业新型学徒制项目的可持续发展，培训公司对企业新型学徒制培训的教学内容进行了大胆的改革创新，在保持理论教学与实训教学内容一致性的同时，建造了新能源汽车实训室、公交大客车构造实训室、现代仿真教学计算机硬件应用平台三大高仿真实训室。右图是高技能人才培训基地新建设的新

能源实训室。三大高仿真实训室的建成也为学徒的学习提供了极大的帮助，让学徒可以更直观地知道如何处理今后在工作中可能遇到的各种突发状况。从培训效果来看，这也受到了企业和学徒的好评，不仅激发了学徒的学习积极性，同时调动了未参加培训职工争取参加培训的主动性，从而取得了企业满意、学徒满意、学校满意的"三满意"效果，为企业新型学徒制培训添上了浓墨重彩的一笔。

（三）突破师徒传承的局限，实施双师带教

为避免以往培训与运营生产实际相脱节的弊端，培训公司在企业新型学徒制培训的途径上大胆创新，突破师徒传承的局限，实施双师带教。在理论教学上，聘请企业内资深讲师授课；在实训上，安排技师、高级技师担任导师；在岗位带教上，选拔既有理论知识又有专业技能的技术骨干带教。

为了让学徒们更深入了解公交客车的结构，培训公司还会组织学徒参

新能源汽车实训室

观上海申沃客车有限公司的客车生产线，请厂家实地介绍新能源车型的结构、性能特点与车辆装配情况。通过上述围绕车辆维护、驾驶展开的多样化的培训与见习，学徒们普遍认为经历了一番前所未有的培训体验，由衷地感到收获丰厚。

在企业新型学徒制培训过程中，学徒们边学习、边实训，通过现代化多媒体教学理论的培训，系统地学习了公交客车结构、性能知识；在实训岗位上实战锻

炼，通过导师的传授掌握了操作维护及常见故障诊断排除的专业知识；在营运线路上实习驾驶，通过师傅带教，提升了安全操作、技术操作、节能操作的技能。通过企业新型学徒制培训，学徒们不仅提高了理论水平，而且有效提升了岗位技能，同时提升了对企业的认知度和忠诚度。

（四）突破结业离校的局限，实施师生跟踪管理

在传统的教育培训中，学校对培训班实行培训内容负责制，完成培训内容，学徒结业离校，带教老师完成任务，教学双方很少再有往来。而在企业新型学徒制培训中，培训公司一改以往的习惯性操作，突破学徒结业离校的局限，实施学徒跟踪管理。由于公交行业的特殊性，还存在一个师徒带教过程，所以培训公司教师会跟踪每位学徒的带教学习进度，和各运营公司紧密保持联系，了解学徒们在实际培训中所遇到的问题，为以后的企业新型学徒制培训积累经验，不断改进、不断完善、不断寻找差距。

三、通过企业新型学徒制培训，抓住契机完成了三大任务

（一）完成了战略转型发展的任务

久事公交集团是 2016 年经上海市人力资源社会保障局批准设立的第六批上海市"高技能人才培养基地"之一。由于企业新型学徒制培训有着多元化的培训特点，以及职业技能培训评价认定的特殊性，加之久事公交集团对技能人才的急需性，推进了培训公司由短期命题式的单纯业务培训向职业资格评价、职业技能等级认定培训的战略转型。目前，上海公交鉴定所已由上海市人力资源社会保障局批准成立，公交驾驶员的中级技能培训也在开展中，2021 年公交驾驶员高级技能培训项目也已落地，准备实施，相关设备也已经到位，培训公司的战略转型已基本完成。

（二）完成了师资队伍建设的任务

企业新型学徒制培训对理论教师、实训导师、带教师傅的特殊需求，推进了培训公司师资队伍建设。截至目前，培训公司共培养了 60 名兼职教师、29 名特聘教师、30 名实训导师、30 名带教师傅，建成了较为完整的师资库，基本满足了培训公司教育培训、技能实训和岗位带教的需求。

（三）完成了教学管理升级的任务

由于企业新型学徒制培训要与上海市人力资源社会保障局专业部门对接，从而推进了培训公司的简约管理向标准化、程序化、流程化管理转型。目前，培训公司的企业新型学徒制培训管理与上海市人力资源社会保障局管理要求基本接轨，基础台账初步达到了规范化的要求，完成了培训公司管理转型的任务。

重庆市轨道交通（集团）有限公司

2019年，经重庆城市交通开发投资（集团）有限公司（以下简称重庆交通开投集团）研究决定，在重庆市轨道交通（集团）有限公司（以下简称轨道集团）全面开展企业新型学徒制培训工作。2019年共计完成496名学徒培养工作，2020年招收的482名学徒正处于师带徒培养阶段。企业新型学徒制培训具体工作如下。

一、精心组织，签订企校合作协议

自2019年9月企业新型学徒制培训工作全面启动以来，轨道集团领导高度重视，按照重庆交通开投集团工作要求，结合轨道集团实际情况，先后出台《关于全面开展新型学徒制工作的实施方案》《关于优化调整新型学徒制工作的方案》等工作方案，三次召开启动会布置相关工作，成立工作领导小组，由组织人事部牵头组织指导企业新型学徒制培训工作，运管中心、各相关运营公司各司其职，负责师带徒培养具体工作。

为达到培养学徒、锻炼技能人才队伍的效果，轨道集团与重庆公共运输职业学院（以下简称运输职院）反复协商，最终签订企校合作培养协议，采取"企校双制、工学一体"的培养模式，即企校双师带徒、工学交替培养等形式，按照双方共同制订的培养计划培养企业新型学徒。

企校合作具体工作模式：轨道集团主要通过师带徒方式，选拔优秀高技能人才担任学徒的企业导师，指导学徒进行岗位技能操作训练，逐步掌握并不断提升技能水平和职业素养，使之达到职业技能标准和岗位要求。运输职院主要采取工学一体化教学方式，根据轨道集团提供的岗位标准，制定专业培训标准、课程标准、质量监控标准及相应实施方案。学徒培养期满后，轨道集团组织学徒参加相应岗位职业（工种）的职业技能等级认定或培训合格证考试。

二、精选师徒，一对一结对"传帮带"

轨道集团员工众多，如何从中筛选出符合企业新型学徒制工作要求的学徒，是关系到能不能如期完成培养工作的重要问题。在与上级有关部门充分沟通后，轨道集团决定在具有城市轨道特色的工种中，选取16个能够取得职业技能等级证书的职业（工种），并从中选出与轨道集团签订劳动合同的，且在技能岗位上符合培养中级、高级技能人才条件的社招新员工作为学徒。参加培训的学徒在培训期间的薪资不变，其他待遇按轨道集团相关规定执行。2019年筛选了496名学徒进行培养，该批学徒涉及7个职业（工种），分别为城市轨道交通站务员、城市轨道交通通信工、铁路车辆电工、铁路车辆钳工、铁路线路工、信息通信网络运行管理员、城市轨道交通信号工。2020年根据重庆市人力资源社会保障局扩大参训对象的政策，将企业新型学徒制培养对象由社招新员工扩大到社招、校招入司的所有新员工，当年筛选482名学徒进行培养。该批学徒涉及6个职业（工种），分别为城市轨道交通站务员、城市轨道交通通信工、铁路车辆电工、铁路车辆钳工、接触网工、铁路线路工。选定职业（工种）后，轨道集团按照上级主管部门要求，及时在重庆市职业培训实名制管理系统中填报企业新型学徒制培训计划申报表，经审批同意实施学徒培养。

轨道集团在符合条件的各专业优秀高技能人才中选拔聘用思想品德、业务技能双过硬者为企业导师，与企业导师、学徒签订师带徒协议，形成一对一的结对"传帮带"培养模式。个别师资紧缺部门的导师带徒不超过3人，防止导师一带多对学徒造成传技不精、顾此失彼的不良后果。

三、精准教学，克服困难推进工作

为保障企业新型学徒制工作顺利开展，轨道集团组织人事部、运管中心、运营公司以及运输职院协商策划，在保证既不耽误生产又不耽误学习的前提下，采取理论脱产培训1个月+新员工三级培训1个月+实操一对一师带徒10个月的方式，实现理论实践的无缝衔接。

（一）补短板，集中完成理论课程培训

轨道集团和运输职院针对学徒专业知识参差不齐、理论基础系统性不强的情

况，采取由运输职院选派优秀指导教师集中进行理论教学的方式，根据学徒职业（工种）及技能等级的不同，采取一个职业（工种）按等级分别建一个班的方式集中进行理论知识培训。组织人事部协调联系培训资源、授课教室，根据学徒工作时间及运输职院指导教师上课时间，制订培训授课计划表，进行跟踪管理。在培训时间安排上，学徒集中脱产1个月接受集中理论知识培训，由运输职院安排学院指导教师到轨道集团赖家桥培训中心为学徒授课，补充薄弱理论知识，强化知识的系统性。

2019年重庆轨道集团企业新型学徒制理论培训

（二）强安全，分专业完成三级安全教育

轨道集团高度重视安全生产工作，在培训期间，安排了一、二、三级安全教育培训，令学徒掌握该职业（工种）相关的安全生产法律法规、安全生产规章制度、劳动安全基本知识、工作环境及危险源和岗位安全操作规程等。

（三）重实践，师带徒一对一"个性化订制"模式

在实践操作中，企业导师一对一与学徒签订师徒协议，按照岗位培训标准，根据职业道德与规章制度、专业知识、业务技能等内容制订带徒计划。每位导师根据所带学徒的技能水平对带徒计划进行"个性化订制"，在通用性培训内容的基础上确定个性化的培训内容，在平时工作中对学徒进行实际操作培养，并根据学徒接受程度适时调整计划内容。企业导师以自身成长获得的丰富学习方法和工作经验进行言传身教，高效地提升学徒技能水平。

重庆轨道集团企业导师为学徒讲解票卡测试工作流程

重庆轨道集团师徒一同处理闸机故障

（四）迎挑战，及时解决问题推进工作

前期已经做好充足准备，但实际工作中也面临着一些挑战。例如：同一职业（工种）的学徒的水平参差不齐，对其课程内容的安排很有压力；人员流动影响培养工作；2020年受新冠肺炎疫情影响，企业新型学徒制理论课程线下无法开展等。

针对以上问题，在培养的过程中，轨道集团不断收集导师和学徒的意见，保持与导师、学徒的良性沟通。在保证工作顺利开展的前提下，适时弹性调整培训时间安排，充分保障每个学徒都能够参加培训，同时做好学徒的思想稳定工作。针对实操部分，2020年企业新型学徒制培训还专门设置了3天实操培训课程，以加强学徒动手能力。学徒们学习技术知识的主动性和积极性日益高涨,坚持不错过每一堂课,不落下每个知识点。2020年因新冠肺炎疫情原因不能聚集开展集中培训,轨道集团与运输职院沟通协调,将理论课程改为线上培训,160学时的理论课程没有受到影响。

四、主要工作经验

(一)开辟了人才培养新途径

通过推行企业新型学徒制,组织企业学徒参加培训,达到人才培养模式创新目的,也增强了企业对技能人才培养工作重要性的认识,发挥了企业培训主体的作用,深化了企校合作,加快了企业后备技能人才培养的工作进度。

(二)通过政府经费补贴形式,减轻了企业技能人才培养负担

城轨行业因本身的发展历史,历来人才稀缺,目前各地城轨新线建设如雨后春笋,服务城轨行业的专业人才更加稀缺。为了保证安全运营,企业只有大量招录非专业或相似专业新员工进行培养,势必投入大量培训经费,而政府给予经费补贴则减轻了企业培养技能人才的经济负担。企业新型学徒制培训工作顺利验收完成后,轨道集团获得重庆市培训补贴447.9万元,这将大大缓解员工培训经费压力。

(三)理论联系实践,导师学徒共发展

企业新型学徒制培训工作的开展,让参与的学徒深深感受到与原有师带徒模式的不同,不但可以从企业导师处学得经验技术,还可以通过参与学院指导教师集中理论授课与指导,夯实自身理论知识基础,帮助自己将所学理论知识系统化。作为导师,不仅带出了学徒,更获得了对知识进行梳理、对经验进行总结的机会。在教学中,导师不居高自傲,在工作中,师徒互相学习,形成了取长补短的良好氛围,最终双双获得可喜进步。

贵州省六盘水市首钢水城钢铁（集团）有限责任公司

贵州省六盘水市首钢水城钢铁（集团）有限责任公司（以下简称水钢公司）通过企校合作、工学交替的方式，组织操作技能岗位新招用和转岗等人员参加企业新型学徒制培训，促进了企业技能人才的培养，打开了岗位工人踊跃参加职业技能培训的新格局，为实现水钢公司高质量发展提供了有力的人才支撑。

一、认真谋划，积极探索技能人才培养新模式

1. 企业积极主导。为了顺利开展企业新型学徒制培训，水钢公司专门组织召开了企业新型学徒制启动仪式。水钢公司与水钢技师学院签订了企校合作协议，明确了职责和目标。要求有关用人单位要将此项工作作为一把手工程，抓好企业新型学徒制工作的落实，制订人才培养方案，细化工作流程，确保企业新型学徒制培养工作有效推进、取得实效。

2. 院校扎牢根基。水钢公司企业新型学徒制培训合作院校是水钢技师学院。水钢公司通过与水钢技师学院深入交流合作，充分利用技师学院的教学设施、办学经验以及师资优势，精心设计培训课程，合理安排培训时间，探索"送教进企"的合作办学模式，将理论课堂搬进车间、搬进班组，做到工学一体、学用结合，并不断深化和推进有关工作。

3. 宣传发动到位。水钢公司充分利用水钢视窗微信公众号、水钢门户网、水钢电视新闻等媒体大力宣传推行企业新型学徒制的目的和意义，以及各单位企业新型学徒制培训开展情况，让企业新型学徒制深入人心，努力营造全公司关心并尊重技能人才、重视并支持技能人才培训工作的良好氛围。

二、健全机制，努力实现企校融合发展新格局

1. 企业制定管理制度和实施方案。制定了《首钢水城钢铁（集团）有限责任

水钢公司企业新型学徒制启动仪式

公司新型学徒制管理办法（暂行）》，建立了企业新型学徒培养、使用、考核及薪酬激励等机制；制订了《首钢水城钢铁（集团）有限责任公司三支人才队伍机制完善实施方案》，打通了管理型、技术型、技能型人才横向互通、纵向晋升的绿色发展通道，解决了长期以来技能人才发展晋升通道单一的问题。

2. 企校共同建立导师管理制度。与水钢技师学院共同建立了导师管理制度以及学徒管理、考勤、奖惩等制度，将企业新型学徒培养工作检查、指导、考核、奖惩贯穿于培训工作的全过程。坚持将培训过程的考核情况及结果与学徒培训期间的工资、奖金挂钩，提高了学徒自觉参加培训的积极性。

3. 用人单位督促师徒签订培养协议。用人单位充分发挥高级技术技能人才的传承、引领作用，按照岗位需求及职业（工种）等级，让拥有丰富现场经验和过硬技术水平的生产技术骨干担任企业导师，并督促师徒签订《新型学徒师徒培养协议》，明确培训内容及培训周期。

4. 企校共同开发培训体系文件。企校双方对专业设置、课程设计、师资选定、培养目标等方面进行分析论证，共同开发岗位技能课程与教材，共同组织教学与岗位技能培训，共同制定岗位技能考核评价标准，共同建立考核评价体系等，确保了理论知识培训与操作技能培训有机衔接、相互融合，真正达到提升理论、推动实践、提高技能的目标。

水钢技师学院组织召开企业新型学徒制培训班班主任班级管理座谈会

5. 丰富培训资源和开展职业技能等级认定。利用老国企长期积淀的专业技术优势，组织专业技术人才编写岗位培训教材和培训题库，建立较完善的技能人才考核评价标准。水钢公司在 2020 年结合国家职业资格证书改革的实际情况，申报并取得了贵州省首批企业自主评定职业技能等级的资质，为在学徒培训期满后组织开展职业技能等级认定提供了保障。

三、规范管理，确保企业新型学徒培养工作有序推进

1. 严格管理培训资金。水钢公司人力资源部门与财务部门建立了严密、高效的资金管控工作流程，按照资金管理制度，严格执行培训资金的申请和使用规定，提高了资金使用效益，确保了资金使用安全，杜绝了违规使用资金行为的发生。

2. 建立培训台账。为加强培训过程、培训结果的监督管理，水钢公司建立了企业新型学徒制培训台账。根据企业新型学徒实际岗位情况，采用分班管理模式，每个班级都设有班主任进行管理并建立学习群，便于日常沟通和联系。同时，水钢技师学院按照企业新型学徒制培训管控要求购置相关设备，通过指纹打卡、人脸识别考勤、网络签到打卡、视频系统监控、视频录制等方式，实时记录、掌握培训实施情况，确保培训真实有效。

3. 开展数字培训。在专业理论课程受新冠肺炎疫情影响难以开展的背景下，

充分发挥水钢技师学院数字化校园的作用，借助计算机、手机等工具，为导师和学徒建立教学和辅导的双向交流渠道。同时，为保证生产正常进行，克服工学矛盾，鼓励导师利用线上线下相结合的方式开展教学活动，确保培训取得实效。

4. 开展座谈交流。多次组织召开企业新型学徒制培训导师座谈会，进一步明确学徒培养的目标和内容，对企业新型学徒制培训过程中存在的问题提出指导性意见并督促改进。导师间对培训过程中的亮点工作进行交流，为企校导师下一步开展培训工作指明了方向。

水钢公司组织召开企业新型学徒制培训导师座谈会

5. 加强过程管控。每季度做好学徒学习情况考核工作，明确下一季度的培训目标和任务。日常针对学习培训计划内容，由单位指定的培训管理员到现场了解导师带徒情况及学徒学习情况，检查学习记录是否按照相关要求完成。发现培训过程中未按计划实施培训、学徒学习记录不规范、记录次数不够等问题，严格按规定进行考核，督促企业新型学徒制培训工作按要求实施。

四、效果明显，企业新型学徒培养促进技能提升

1. 完成培训任务。通过一年来水钢公司各单位的共同努力，39 个职业（工种）的 275 名学徒最终完成了全部企业新型学徒制培训工作并顺利取得相对应的职业技能等级证书，其中取得高级工证书的有 11 人，取得中级工证书的有 264 人。

2. 提供晋升渠道。通过开展企业新型学徒制培训，为新入职员工提供了职业

实操指导教师现场指导学徒生产操作知识

企业新型学徒制培训职业技能等级认定理论考试现场

技能晋升的渠道,可以让员工通过自身学习得到提升,为自己的职业生涯发展确定目标,也为公司技能人才发展夯实基础。

3. 提升学徒素质。学徒通过企业新型学徒制"理论+实操"的培训,能够更加熟悉专业知识,更好地掌握操作技能,进一步提升了学徒的技能水平和现场解决实际问题的能力。

4. 提升导师素质。在"专业理论教师+实操指导教师"组成的双导师教学体系里,导师通过制订教学计划、现场指导教学等,使自身的理论水平、技能水平和教学水平也得到相应提升。

企业新型学徒制培训职业技能等级认定实操考试现场

5. 促进企校沟通。在推行企业新型学徒制过程中，企校双方建立了良好的沟通协调机制，本着"资源共享、优势互补、协同配合"的原则，顺利完成了2020年企业新型学徒制培训各项工作。

院校典型经验

北京市顺义区人力资源和社会保障局高级技工学校

一、基本情况

2015年11月,人力资源社会保障部在北京现代汽车有限公司召开企业新型学徒制试点工作全国启动会。北京市顺义区人力资源和社会保障局高级技工学校（以下简称学校）与合作单位——北京现代汽车有限公司共同整合资源、制订方案、执行计划、总结经验，创建形成了"政—企—校"三位一体培养技能人才的企业新型学徒制"圆规模式"。全面推行企业新型学徒制后，学校陆续与北京燕京啤酒股份有限公司、北京新华联合发行有限公司、北京住总集团有限责任公司等企业开展企业新型学徒培养工作，经过梳理和完善，总结为"五五"工作模式。

二、政、企、校融合协作的"圆规模式"

政、企、校"圆规模式"是将企业新型学徒制政策比作圆规的顶部旋钮，连接着圆规的两脚,将企业比作圆规起固定作用的支脚,将学校比作圆规的转脚,是指在政府政策引导和调控下,企业、院校构建长效稳定机制,围绕企业需求推行企业新型学徒制的人才培育模式。"圆规模式"以企业为圆心,以企业岗位需求为半径,通过调整合作角度和紧密度,以坚实的培训体系为支撑,弹性调节培养内容、时间、授课方式,双方合力完成企业新入职或新转岗的紧缺技能人才的培育工作,共同画好企业新型学徒制工作的"圆"。

"圆规模式"示意图

"圆规模式"包含一整套企校共同育人的工作机制,重点解决以下关键问题:

1. 学校转变办学思路,达到服务企业的根本目标。
2. 构建企校组织架构,实现双元管理的有效衔接。
3. 建立有效机制,贯穿人才培养全过程。
4. 抓住企校合作关键环节,提升育人质量。
5. 发挥动能优势,提升工作后劲以持续推动培养工作。

三、"五五"工作思路与举措

(一) 转变观念、务实推进,积极演好五种角色

企业新型学徒制政策中明确提出企业主体的定位,不少院校担心企业主动性不够,院校会成为工作主体并成为企业的"保姆"。学校通过实际工作发现,企业主体可实现但需要一个过渡周期,一般会经过"院校主导—校企双主体—企业主体"的过程。在企业新型学徒制启动和推广阶段,院校观念的转变和准确定位是做好此项工作的基础。主要是做好以下"五员"的工作。

1. 做政企双方的联络员。人力资源社会保障系统的职业能力建设部门一般为企业新型学徒制实施的管理部门。学校积极做好联络与沟通工作,向企业传达最

新要求，以便根据相关要求迅速调整工作方式。同时，企业也会与学校共同讨论工作难点。学校会将双方讨论的共性问题反馈给相关管理部门，为政策完善提供参考建议。

2. 做政策解读的宣讲员。企业新型学徒制政策出台后，各级政府高度重视、多维宣传，但仍有众多企业难以理解政策内涵和操作方式，不能快速着手开展工作。学校主动承担宣讲任务，走进论坛、走进园区、走进企业，做政策的宣讲解读员，送政策、送工作答疑手册、送合作方案到企业。2019—2020年，学校开展各种宣讲活动数十次，走进顺义区空港核心区管委会、中关村顺义园等单位，很多企业反响热烈，积极与学校对接合作。

3. 做项目实施的规划员。多数企业刚接触新政策、新模式，缺乏合作经验、不能准确把握政策要求，更不能提供工作整体思路。学校积极承担规划任务，为企业提供各职业（工种）的培养方案模板和工作指导书，企业和院校各节点工作任务清晰明确，培训内容为可视化菜单，由企业勾选培训项目。学校作为项目规划员，指导企业制订出完整的培养方案，既提高了合作效率，又加深了合作情感。

4. 做企业项目实施的辅导员。当企业得知需要资质审核、社保审核、学籍审核，需要提交培养方案和相关制度，需要网络平台全程管理时会觉得流程复杂、工作量大，便产生了畏难和抵触情绪。学校主动服务，辅导管理流程，逐一讲解申报要求，帮助企业掌握要领，辅助企业整理和初审资料，资料一次提交到位，不做无用功。

5. 做学徒的掌舵护航员。制订培养计划时，部分企业提出删减公共课和基础课课时、增加岗位技能训练课时、仅本岗够用即可的要求。学校既要考虑企业岗位所需，又要保障学徒权益，要保证通用课程和专业基础课程开足、开好，为学徒铺筑宽口径专业平台，使之适应岗位提升和跨企业、跨部门转岗的职业生涯发展需要。制订培养计划后，部分企业会提出因生产任务调整等原因缩减课时的要求，学校此时站在维护学徒学习权益的角度，督导企业只能调整计划，不能缩时缩水。

（二）健全架构、提升沟通效率，建立企校五级对接模式

学校在实践中摸索建立五级对接的双元管理模式，通过从决策到实施五个层

面的共管对接，畅通了企校双方信息交流与反馈渠道，以达到能够快速协调解决问题、提高合作效率的目的。

1. 企校决策层级。企业总经理与学校校长对接，负责建立企校合作组织机构、制订中长期合作规划、签订培训协议、审核使用经费，并对合作过程中出现的重大问题进行决策。

2. 管理协调层级。企业人力资源部部长与学校教学主管校长对接，负责审核人才培养方案和相关管理制度，指导、监督和协调企业新型学徒制项目管理工作。

3. 教学组织层级。企业培训主管与学校教务处主任对接，负责领导、推进培训体系建设中的各项工作。具体包括：组织开展调研、制订培训方案、开展课程开发、组建双师队伍、确定培训场地、开展教学质量评价、协调职业技能等级认定和职业资格评价、教学相关经费申请等。

4. 教学实施层级。企业专家与学校教师对接，负责课程建设、教材开发及培训教学的实施。具体包括：根据企业工艺特点，开发符合国家职业技能标准和企业需求的课程、编写相关教学资料、配备教学资源、实施培训教学、开展学徒评价、进行教学反思，不断提高教学水平。

5. 学徒管理层级。企业各厂区培训专员与学校班主任对接，双班主任负责学徒管理及培训组织协调工作。具体包括：学徒资料的收集与审核、具体安排授课事宜、开展班级管理、及时跟踪学徒对培训的反馈、组织考试及职业技能等级认定。

（三）共建共享、融合到位，践行"五个共同"

1. 共同设计培养方案。学校重点建设专业组与来自9家合作企业的15名专家共同组成"人才培养模式与课程改革小组"，学校教师在企业专家指导下完成人才培养定位分析、提炼典型工作任务。学校教师编写的培养方案由企业审核确定。

2. 共同制定管理制度。根据企业新型学徒制培训需求，学校与合作企业依据相关文件要求及学徒工作实际制定《学徒管理办法》《学分认定及考核办法》《导师激励办法》等制度规范企业新型学徒制培训的教学管理工作。学校将与学徒密切相关的制度与培养方案、课程安排等制成手册，方便学徒随时查阅。

3. 共同配置教学资源。师资方面，学校骨干教师、企业专家和班组长共同组成双师队伍联合授课。课程方面，将学校面授课、学校网络课程、企业内训课、

培养方案设计流程

企业实践课、企校合作开发微课程共同加以整合,形成五位一体的课程体系。场地方面,将企业培训教室作为理论课教室,将企业生产车间、大师工作室作为实操场地,将学校多媒体教室和学校实训室作为学徒职业技能等级认定考试辅导和实训练习场地,方便学徒就近学习,保障实训效果。

4. 共同开发培训课程。为满足培训需要,缓解工学矛盾,学校致力于开发微课程、一体化工作指导书、多媒体教学资料。以微课程开发为例,由学校专业教师和企业实践专家组成课程开发小组,学校教师负责课程内容调研和脚本编写,企业专家负责对工作流程、工艺要求等方面进行指导,聘请专业拍摄公司进行拍摄,由学校教师和企业专家共同负责课程的验收工作。

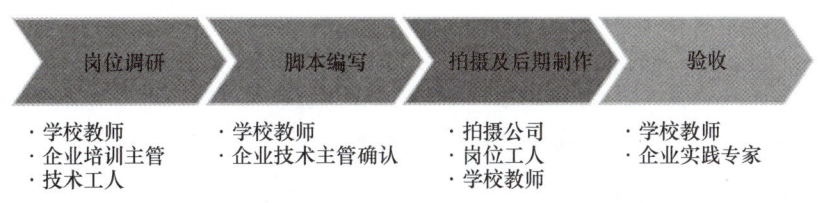

微课程开发流程

5. 共同开展学徒培养。学徒教学中,学校指导教师主要负责文化基础课、专业基础课、核心专业课、选修课的课程教学和评价,企业导师负责企业课程教学和岗位实践评价。

(四)把握重点、突破难点,抓好五个关键环节

1. 企业调研环节抓问题。与企业签订培训协议前,企校共同开展深入、细致的企业调研。一是分类别开展调研,即按人员类别确定调研方式,如对管理人员

通过座谈会方式调研，对人力资源专员和技术能手开展个别访谈，对车间工作人员采用问卷调查的方式。二是分专业开展调研，即由专业教师根据调研提纲与同专业技术人员进行访谈。三是分层次开展调研，即调查学徒需求时，涵盖学历层次、工作经验、岗位类别等不同层次、维度，保障调查的全面性。四是针对学习者特征开展调研，包括学习需要、学习内容、学习风格，以问题为导向、以调研结果为依据，设计教学体系。

2. 协议签订环节抓分工。企校协议是企业新型学徒制实施的重要纲领文件，企校合作协议要包含所有合作重要信息，协议签订一定要明确分工。资料申报、管理机构、资源保障、资金使用、考核存档等内容分别明确双方权责，保障企校合作权责对等。对于科技创新企业，为保障企业利益，必要时学校还会与企业签订技术保密协议。

3. 导师聘任环节抓融合。学校组建了一体化的企业新型学徒制培训教师队伍。学校教师由专业负责人和一体化教师两级组成（专业负责人是学校的专业核心骨干带头人，一体化教师是有企业实践经验的专业教师），企业导师由专家导师和一般导师两级组成（专家导师为企业首席技师或技术骨干，一般导师主要是企业的生产车间班组长）。专业负责人与企业导师主要负责培训方案的制订和课程开发，并对学校一体化教师、企业一般导师的工作进行指导与评定。学校一体化教师、一般导师参与课程开发、授课、指导学徒实践等工作。两级教师、导师交叉融合的师资队伍有利于最大限度地发挥教学效能。

4. 授课安排环节抓统筹协调。企业受到生产进度的影响很大，容易产生工学矛盾。学校针对这一问题建立了调课确认协调机制，将整体课程计划分解至月课表、周课表，灵活安排课程计划。学校班主任与企业班主任确认每周开课时间、地点、内容。如遇变动不能顺利开课，及时做好汇报备案，协调解决方案。

5. 评价反馈环节抓督导。学校建立两级督导机构。一是学校教学质量督导室，将新学徒质量督导纳入学校常规督导工作。二是学校企业新型学徒制管理处，动态督导从招生到评价的全过程。通过评价反馈机制，及时掌握项目整体运行中出现的问题，不断优化提升相关工作水平。

（五）夯实基础、不断创新，提升五项管理水平

1. 组建机构，提升项目管理水平。学校将企业新型学徒制项目列为学校重

点工作，纳入年度目标考核重点。学校专门成立企业新型学徒制管理处，健全组织机构，使工作有对应、有抓手。管理处对外负责企校沟通合作，包括政策解读、需求调研以及培养方案、管理制度的制定等工作。对内统筹协调学校招生办公室、教务处、学生管理处、鉴定所等科室，共同完成学徒的招生、教学、管理、职业资格评价和职业技能等级认定等工作。学校企业新型学徒制管理处完成《北京市企业新型学徒制质量评价指标体系》《企业新型学徒制应用成果研究》《北京市企业新型学徒制政策研究》三项省部级课题，整理了大量工作资料并提炼了各流程所用的模板、表单等管理工具，便于企业筛选修订、拿来即用、拿来好用。

2. 一企一策，提升课程柔性定制水平。不同企业同一专业开设课程不同，同一课程教学侧重点不同，教学方式也不同。例如，同样是电气自动化设备安装与维修专业PLC课程，北京现代汽车有限公司需要讲授三菱系统，而燕京啤酒有限公司则需要讲授西门子系统。在教学方式上各企业也有所不同，比如北京住总集团有限公司学徒因上班地点分散、工作时间长、工作强度大，很难集中教学，其采取分区就近上课、加大线上授课力度的策略。北京新华联合发行有限公司学徒上班地点集中，因此其多安排线下课程，使教学组织更简单、教学过程更直观。

3. 倡导工匠精神，提升职业素养培养水平。学校根据企业特点加入了个性化课程。例如，在北京现代汽车有限公司里有很多技能高超的实践专家，他们都是行业领军人物，在企业技术改造、创新方面做出了突出贡献，他们身上散发着的工匠精神最值得学徒学习。因此，学校在工匠精神课程中加入企校共同开发的工匠精神微课程，详细介绍了企业杰出技能人才的先进事迹，激励学徒在工作中发扬工匠精神，向身边的榜样看齐。

4. 以赛促训，提升综合服务水平。为有效提升学徒学习技能、钻研业务、勇于创新的积极性，在持续推进课程教学过程中，企校有针对性地安排了技能竞赛、企业参观访谈、技术观摩等内容，开阔学徒的眼界，提高学徒的学习兴趣和学习效率。例如，组织北京新华联合发行有限公司学徒开展叉车趣味竞赛。学徒们通过参加竞赛开阔了视野、提升了团结合作能力，对所学知识和技能有了更深入的体会。

5. 拓宽取证范围，提升多证书管理水平。学徒在培养过程中，除了可以参加专业方向中明确规定的职业（工种）考核外，学校为想提升的学徒提供了更多参加相关职业（工种）考核的机会。例如，现代物流专业的学徒既可以考取物流服务师证书，还可以考取叉车司机（准入类）和消防设施操作员（准入类）职业资格证书。宽基础、多通道的学习，使学徒既能在本岗提升能力，也具备更多元的发展空间。

辽宁冶金技师学院

辽宁冶金技师学院（以下简称技师学院）充分发挥人才培养主渠道、主阵地作用，积极参与本溪市及本溪钢铁（集团）有限责任公司（以下简称本钢集团）技能人才培养工作，持续深化产教融合、企校合作，助力产业结构转型升级，为区域经济发展提供有力人才支撑。技师学院作为本溪市政府补贴定点培训机构，全面承担了本钢集团基层厂矿企业新型学徒培养工作。

一、以精准培训强保障

（一）制定管理制度

为规范培训管理，保证培训质量，技师学院制定了《企业新型学徒制培训学徒管理规定》《企业新型学徒制培训专、兼职班主任管理规定》《企业新型学徒制培训企业指导师傅管理规定》《企业新型学徒制培训工作流程》《企业新型学徒制培训企业导师教学手册填写方法》等制度文件。建立和完善了培训教学质量评价体系，制定了学徒培养教学文件、人才培养标准。

（二）实行双导师制

技师学院充分利用技能大师工作站和各基层单位岗位技能人才的优势，聘请基层单位技能大师、技术技能骨干担任企业导师。为确保现场教学规范，技师学院多次组织培训教学说明会，辅导企业导师填写培训教学手册、执行培训教学方案。同时技师学院专门开设内训师

本钢集团北营铁运公司企业新型学徒制培训现场

培训班，为从企业导师中挑选的20余人量身打造内训师课程，使企业导师成为现场操作高手和课堂标准严师。

（三）技能大师助力学徒培养

板材冷轧厂充分发挥辽宁大工匠的作用，组织企业新型学徒开展实际操作讲座，结合常见故障处理、工艺参数调配等进行手把手的指导，保证了培训质量。板材热连轧厂发挥省级技能大师工作站驻站大师的高技能优势，为轧钢工企业新型学徒制培训进行整体规划。

本钢集团板材冷轧厂辽宁大工匠现场指导学徒实操

本钢集团板材热连轧厂利用技能大师工作站开展企业新型学徒制培训

（四）储备后备技能人才

在企业新型学徒制培训工作中，板材焦化厂创新思维，为每名学徒制定"能力矩阵图",按不同阶段的人才需求进行针对性培训、定向考核、专项提升,把企业新型学徒制培训当作平台,当作企业锻炼新员工的重要模式和手段。修建维检公司启动"灰领计划",并将其纳入企业新型学徒制培训活动中,实现了近千名青年职工的技术大学习、技能大实践、能力大提升,为企业实现高质量发展做好青年人才储备。机电安装公司开展"新型学徒·重在四心"活动,用初心做好学徒的日常学习管理,用创新促进网格化管理,用决心明确考核机制,用恒心打造铁军队伍,把参加企业新型学徒制培训的青年员工培养成高技能人才,从而打造公司高水平工人队伍。

二、以科学管理见成效

(一)培训档案完整翔实

技师学院与基层单位通力配合、规范操作,全力做好企业新型学徒制培训申报工作。技师学院组织召开专题会,详细解析文件要求,明确申报材料清单,敲定申报时间表,并由专人对申报单位进行辅导,避免误读误报。建立培训管理库和学员档案,对经过上级部门公示批准参加学徒制培训的人员统筹管理。

(二)过程管理严格有序

技师学院开展的企业新型学徒制培训项目采用专人专项管理。专职班主任每月定期或不定期深入基层单位,开展现场培训教学检查督导,以加强培训监管,规范培训过程管理。技师学院还为每家基层单位聘请了一名厂级兼职班主任,并为每个作业区聘请了一名区域级兼职班主任(共计聘请班主任73名)。通过专、兼职班主任日常检查、专项督导,做好培训过程的评价评估和跟踪检查,上下联动,及时发现和沟通解决问题,杜绝不规范培训行为,推动培训工作有序开展。

(三)实施三级管理

企业新型学徒制培训过程采用三级管理,即作业区级、厂级、学院级管理。在每个层级中均实施学徒制培养月度总结和季度考核。学院规定各基层单位每月定期上报学徒学习情况、导师带徒情况、兼职班主任教学检查情况;同时不定期对实施单位进行检查,采用现场交流、会议交流、阶段总结等多种方式进行管控,提升培训实施质量。

辽宁冶金技师学院专职班主任定期到基层单位检查培训教学情况

本钢集团企业新型学徒制培训经验交流会　　辽宁冶金技师学院企业新型学徒制培训工作交流会

三、以信息技术优服务

（一）优化资源配置，提高学徒培训效率

技师学院利用信息技术创建企业新型学徒制培训综合管理云平台系统，实现本钢集团企业新型学徒制培训单位全覆盖，并通过平台系统规范数据的采集、存储、处理、使用、共享等，保证数据的真实、完整、准确、安全及可用，实现培训基础数据有序开放与共享，以简化培训管理操作流程，提高学徒培训工作效率。

（二）用大数据分析，实现学徒精准培训

技师学院通过对学徒基本数据、培训过程数据、培训结果数据进行平台化数据汇集和综合大数据分析，得出了学徒参训知识储备度，找出了学徒知识储备的薄弱环节，为后续精准培训提供了参考依据。技师学院及时调整课程设计、培训教学管理等一系列培训实施活动，提高培训内容供给质量，将培训内容供给与岗位学习需求实时对接。技师学院针对参训单位的培训需求进行专题培训设计，提

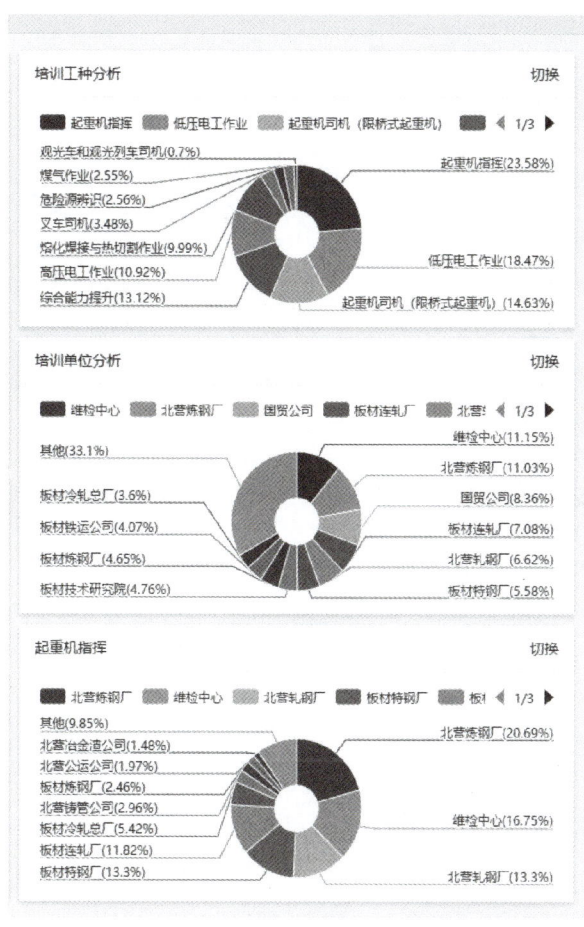

辽宁冶金技师学院企业新型学徒制培训在线大数据分析

供符合该单位实际情况的培训内容，满足其培训需求；根据学徒对所学课程及主讲教师的评分，筛选出真正优质、受欢迎的学徒培训精品课程。

（三）形成闭环管理，提升培训管理水平

技师学院运用 PDCA（计划、执行、检查和处理）循环指导学徒培训工作。在整个培训过程中，项目的设计、课程的研发、培训的实施、班级的监管、效果的反馈以及费用的结算形成完整闭环。通过闭环管理，技师学院、本钢集团培训管理部门及基层单位可以实时掌握学徒培训动态，发现问题并及时处理，多方配合、相互交流确保学徒培训工作稳步开展，不断提升企业新型学徒制培训的教学管理水平。

四、以精细服务创品牌

（一）信息化助力学徒培训

受新冠肺炎疫情影响，技师学院及时调整培训模式和管理方法，采取线上线下结合、企校双主体育人、企校双师带徒、工学交替等方式开展培训工作。为保证国家政策落地，满足企业用人需求，技师学院累计投入200余万元开发企业新型学徒制综合管理云平台系统、学习网站和硬件设备，购置服务器、录播设备，利用云服务支撑线上培

辽宁冶金技师学院企业新型学徒制培训的闭环管理

训教学，并自主开发移动端学习系统，方便学徒通过手机进行学习。技师学院组织优秀教师录制在线开放课程，制作职业道德、工匠精神、专业知识、操作技能、安全生产规范、沟通技巧等精品在线课程，方便学徒在业余时间进行线上学习，为优秀导师和学徒搭建了一个展示的平台，解决了工学矛盾。截至2021年3月，累计完成线上培训87 360学时，学徒满意率达到100%。

（二）开展企业导师培训

技师学院先后为本钢集团开展多次企业导师培训，已有50余名企业导师走上培训讲堂。培训内容包括专项课程及PPT、微课制作精讲，培训形式包括组织技师学院资深教师对企业导师进行一对一辅导，使这些来自工作现场的企业导师能够运用多媒体等多种手段开展现场带徒活动。

（三）开展精品课程建设

为满足企业新型学徒制培训理论教学需要，技师学院组织8名教师录制微课，以丰富多样的方式展现教学内容。与此同时，技师学院调动企业内训师积极编制课程教学脚本及参与课程录制。例如，板材检化验中心的现场导师共编写了6个职业（工种）的12门理论课和实操课讲义，录制了12门微课；板材发电厂在培训过程中不断推陈出新，根据企业的工艺技术要求录制了12门专业微课。

辽宁冶金技师学院企业新型学徒制培训在线学习网站

辽宁冶金技师学院自主开发的企业新型学徒制培训在线学习 App

（四）改善培训环境

技师学院是本钢集团的职业资格评价和职业技能等级认定基地。技师学院新建 7 个可容纳 350 人的考试基地，建立了职业技能等级评价理论培训及考试系统，实现了培训及考试上机操作的模式。

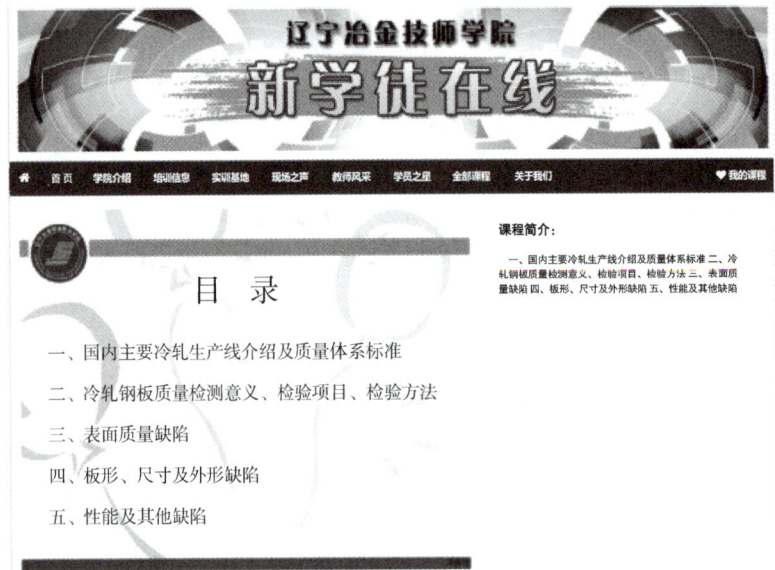

辽宁冶金技师学院企业新型学徒制新学徒在线网站学习课程

黑龙江省齐齐哈尔一重技师学院

2019年，黑龙江省齐齐哈尔一重技师学院（又称中国一重技师学院，以下称齐齐哈尔一重技师学院）与阜丰生物科技、翔科新材料、尚宏北药三家企业合作开展企业新型学徒制培训，共培训学徒354人。2020年，学院与中国一重集团有限公司（以下简称中国一重）、紫金铜业、北方机器、北大仓集团、地利集团、鹤城供热、富鹤供热、富重传动、洽洽食品、鹤城酒业、龙江元盛、龙广网络等12家企业合作开展企业新型学徒制培训，共培训学徒2 815人。

一、学徒培训模式

齐齐哈尔一重技师学院采取"一体化教学+线上线下融合教学+'师傅带徒弟'顶岗训练"的培训模式实施企业新型学徒制培训。企业承担学徒培养的主要职责，以企业为主导确定具体培养任务，企业与齐齐哈尔一重技师学院按照合作协议分别承担相应教学和培训任务。双方共同制定实施细则，完善相关政策制度，制订培训实施计划，有序开展培训工作。具体培训模式如下。

（一）"任务+理论"一体化学徒制培训模式

一体化学徒制培训模式是以学徒岗位标准为依据的"知识、能力、素养"一体化（能力本位+素质本位）教学模式，是以综合职业能力培养为目标的整体化教学模式。一体化学徒制培训模式的实施是项目化教学设计与实施，核心是"任务教学+项目思想"。一体化学徒培训过程或流程：一是导师出示"工作任务"，让学徒明白"做什么"，便于学徒整理与"工作任务"相关的信息，引导学徒对"工作任务"进行分析；二是导师指导学徒处理"工作任务"，使学徒明白"怎么做"，体验"工作任务"处理的过程，体验知识、技术的应用与迁移过程，就完成的"工作任务"进行交流和评价。

（二）"线上+线下"融合培训模式

齐齐哈尔一重技师学院为落实人力资源社会保障部"互联网+职业技能培训计划"，推动企业新型学徒制培训线上线下相融合，建立"线上+线下"培训双平台，打破传统线下培训固有模式，为学徒建立"处处能学、时时可学"的"线上+线下"融合培训模式。学院充分发挥线上教学的优势，采用线下集中培训课堂和"钉钉"课堂双平台对通用素质和专业基础课程实施"线上+线下"融合教学，部分专业基础课程和全部操作技能课程采用线下教学模式。同时，加强线上技能培训监督检查，确保线上平台教学取得充分成果。

（三）"师傅带徒弟"的顶岗—岗位训练

学徒的操作技能课程主要实行"企业导师负责制"，由企业导师（师傅）指导学徒采用《岗位指导书》进行顶岗—岗位训练。"师傅带徒弟"的顶岗—岗位训练程序如下：

1. 建立师徒关系，即进行"师徒匹配"。依据岗位、职业（工种）、专业知识和技能基础、学习特点等情况对学徒进行分类。同时对企业导师的技能水平、特长、授课特点等特征进行分析，将师徒进行合理匹配，原则上每位企业导师带徒不超过10人。例如，中国一重共有学徒1 141人、导师245人，按照职业（工种）、等级、学习和教学特点的顺序进行"师徒匹配"。原则上，企业导师的技能等级比学徒的技能等级至少高出一级。

2. 制订岗位训练计划。企业导师根据岗位技能要求和学徒自身情况制订适合学徒掌握操作技能的岗位训练计划。岗位训练计划要满足岗位需要，将岗位技能按照由易到难的顺序进行分解，先进行简单单项技能训练，再进行综合技能训练。岗位训练计划的难度和目标设计要适合学徒。

3. 岗位训练的指导方式。企业导师可利用班前会、现场会等方式布置岗位训练任务，讲解训练内容，采取岗位讲解、示范观摩、模仿操作、岗位指导、纠正反馈、反复训练等方式对学徒进行岗位操作技能的指导。

4. 学徒考核。企业导师负责对学徒的学习态度、出勤情况和学习效果进行考核。考核包括理论知识考试、操作技能考核、理论结合技能考核三种形式。考核实行百分制，总成绩达60分及以上者为合格。理论基础知识课由学院组织考核，操作技能实践课由企业和学院组织考核。

二、培训组织实施

(一) 高度重视，建立组织结构

齐齐哈尔一重技师学院对于重点开展的企业新型学徒制培训项目建立了"学校—企业—岗位"三级管理机构。学院层面成立了企业新型学徒制工作管理委员会，由分管培训和教学的院长助理、校企合作处领导及企业分管培训的领导组成，下设企业新型学徒制培训教学管理专班，负责企业新型学徒制培训教学和管理工作。企业层面设置企业新型学徒制教学管理站，由企业人力资源部主管领导与学院负责人共同领导，全面负责企业新型学徒制培训工作。在岗位和专业层面，针对企业学徒岗位对应专业建立班级，并成立企业新型学徒制培训管理团队，包括专业教学团队和班主任队伍。

齐齐哈尔一重技师学院企业新型学徒制培训"委员会—专班—管理站"三级管理机构如下图所示。

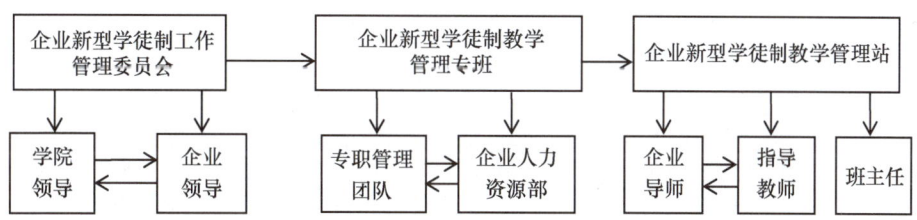

齐齐哈尔一重技师学院企业新型学徒制培训三级管理机构

(二) 企校双元共育，制订培训计划

1. 制订培训计划。企业新型学徒制采取"企校双元共育""企校双师联合培养"的人才培养模式。学院教学团队到企业调研学徒岗位需求，指导教师与企业导师共同研讨，将专业特点与企业人才需求相结合，共同制订专业培养教学计划和教学大纲。

2. 研究课程体系。课程体系包括通用素质课程、专业基础课程、操作技能课程三大模块，约900课时、60学分。教学方式体现出集中培训和岗位训练相结合、线上与线下相融合的教学模式。

(三) 实施培训计划

1. 广泛动员，举行启动仪式。为激励企业学徒和导师积极参与企业新型学徒制培训工作,学院督促企业出台了相关文件,广泛动员,号召广大青年职工踊跃报名。学院与企业逐一沟通,联合举办导师见面会、企业新型学徒制启动仪式、师徒结对拜师仪式等一系列活动,收到了良好的效果。例如,中国一重作为特大型中央企业,十分注重职工技能提升行动,在2020年企业新型学徒制培训中,参训学徒有1 141人,参训企业导师有245人。2020年11月12日,由中国一重集团有限公司、齐齐哈尔一重技师学院联合主办的"深化政校企合作 推进'新型学徒制'暨青年技能培训行动"启动仪式在中国一重展览馆隆重举行。学院与各企业通过多种活动激发学徒参加培训的热情,并促进传统的师傅带徒弟教学模式向企业新型学徒制培训模式转化。

"深化政校企合作 推进'新型学徒制'暨青年技能培训行动"启动仪式

2. 产教研结合,开展多样化的培训活动

(1) 邀请大国工匠,传授精湛技艺。学院全力打造高素质、专业化导师队伍,引导一批企业技能大师担任导师,其中不乏大国工匠刘伯鸣、中央企业劳动模范桂玉松、全国五一劳动奖章获得者伊世明、省级非物质文化遗产保护项目传承人张晓山等杰出技术骨干。企业导师将自己几十年来摸索的独特技艺无私地传授给学徒。

(2) 开展"名师讲堂"活动。学院组织开展"名师讲堂"活动,构建由学院名师、大国工匠、首席技师、劳动模范等优秀技能人才组成的名师团队,紧密结

企业导师现场指导学徒

合企业学徒职业技能提升需要和最新产业技术发展趋势，开展理论与实践相结合的培训讲座。

（3）号召学徒和导师积极参加技术比武大赛。齐齐哈尔一重技师学院为企业技术比武提供场地和技术服务，以提高技能水平为目标。每次赛前都开展技能培训，为学徒技能提升搭建平台。例如，在由学院与中国一重联合承办的齐齐哈尔市第五届职工职业技能竞赛中，中国一重共有78名优秀员工参赛，其中企业新型学徒49名；中国一重共有7名企业导师担任本次竞赛的裁判。

三、考核评价办法

（一）出台了一系列企业新型学徒制管理文件

学院深入贯彻省市相关文件精神，出台了一系列配套文件，为企业新型学徒制工作管理与运行提供依据，先后制定了《齐齐哈尔一重技师学院非全日制学徒管理办法》《齐齐哈尔一重技师学院企业新型学徒制实施方案》《企业新型学徒制工作班主任管理制度》《企业新型学徒制工作导师管理制度》《企业新型学徒制工作学徒管理制度》《企业新型学徒制奖励学分管理制度》《企业新型学徒制学分互认管理制度》《齐齐哈尔一重技师学院企业新型学徒制课时津贴标准》等一系列

企业导师担任齐齐哈尔市第五届职工职业技能竞赛裁判

制度、办法。

（二）指导教师和企业导师的管理和考核

学院和企业共同商议，制定指导教师和企业导师选拔的要求和标准。学院负责学院指导教师的选拔、培训、教学安排及考核，企业负责企业导师的选拔、培训、教学安排及考核。

1. 企业导师的考核与评价

（1）导师自评。企业新型学徒制培训实施过程中，导师定期填写自我评价报告，对参与课程开发与改进、学徒指导等方面进行自我评价，总结经验，向企业人力资源部提交书面报告。

（2）学徒评价。学徒定期填写导师评价表，对企业导师的教学态度、教学能力和教学效果进行评价。

（3）企业评价。企业人力资源部组织企业相关管理人员成立考核小组，每月统计导师课时，将其汇总并及时上报学院企业新型学徒制教学管理专班。企业依据管理制度、企业文化、安全生产教育、典型岗位职责、岗位典型任务、工作规范、工作流程、导师指导手册和学徒实训手册对导师指导效果和学徒岗位训练效果进行综合考核。

2. 指导教师的考核与评价

（1）课程结束后，学院组织学徒对学院指导教师进行评价，填写教师教学评价表。

（2）学院企业新型学徒制教务主任、专业负责人听课，并填写听课记录。

（3）企业人力资源部门定期听课，对学院指导教师的教学提出意见和建议。

四、指导教师和企业导师激励措施

为激励学院指导教师和企业导师积极投入企业新型学徒制培训工作，认真履行导师职责，用心培养学徒，齐齐哈尔一重技师学院制定了一系列针对指导教师和企业导师的激励措施，充分调动其工作积极性和主动性。

（一）合理发放课时津贴

1. 基本课时津贴。学院指导教师和企业导师以网络授课、现场集中授课、师傅带徒弟、岗位训练等方式开展企业新型学徒制培训，1 课时为 45 分钟，每课时津贴为 30 元。

2. 课时津贴系数

（1）按照现场集中授课人数设置不同的课时津贴系数，见下表。

授课人数	50 人及以下	51~100 人	100 人以上
课时津贴系数	1	1.2	1.4

（2）操作技能课程和岗位训练课时津贴系数，见下表。

学徒人数	5 人及以下	6~10 人	10 人以上
课时津贴系数	1	1.2	1.4

（3）校外兼职教师授课课时津贴系数，见下表。

教师职称或技能等级	普通等级	副高或技师	正高或高级技师
课时津贴系数	1	1.2	1.4

（二）优秀指导教师和企业导师评选

1. 每学年评选出优秀学院指导教师 4 名，享受与院级优秀教师同等级别的奖励。

2. 每家企业每学年按照学徒人数 1% 的比例评选出优秀企业导师若干名，并按照《优秀企业导师奖励办法》给予奖励。

3. 获得优秀学院指导教师称号的，优先推荐为区级、市级优秀指导教师及骨干指导教师，并列为职称晋级工作成绩之一。

4. 优先安排企业新型学徒制指导教师参加各类培训。

江苏省常州技师学院

2018年12月28日,《人民日报》以"师傅带、老师教,江苏试点企业新型学徒制——培训瞄准需求,员工干得更好"为题,报道了江苏省常州技师学院开展企业新型学徒制人才培养的工作成效。江苏省常州技师学院同年起全面推进实施企业新型学徒制。截至目前,学院共与近50家企业联合开展企业新型学徒制培训,培训企业新型学徒3 400余人。通过企业新型学徒制工作,企校合作更加紧密,双方共同探讨技能人才培养模式改革创新,共同研究制订人才培养方案、构建课程体系、开发培训教材,共同培养企业真正需要的技能人才,实现了合作共赢。下面,结合学院实施的企业新型学徒制部分工作案例,重点介绍项目实施流程方面的相关工作经验。

一、遴选合作企业

企业是企业新型学徒的培养主体。几年来的实践经验表明,学院选择的合作企业是否合适,是决定项目能否顺利实施的关键因素。学院选择合作企业主要考虑以下三个因素:一是企业对技能人才培养工作的重视程度,二是技能劳动者在职工中的占比,三是企业技能人才培养能力。同时,坚持"三不"原则,即企业负责人不重视技能人才培养的不合作,企业技能人才培养能力严重不足的不合作,职工培训体系建设特别薄弱的不合作。

学院对所有拟立项的企业新型学徒制项目开展"三个评估"。一是通过专访高层管理者,与企业主要负责人或项目负责人就技能人才培养的认知、既有做法、制度建设等展开深入交流,对实施企业新型学徒制项目的意愿与可行性进行评估。二是通过现场调研,深入了解企业的技能人才结构特别是技能岗位的占比情况,深入了解企业技能人才培养能力特别是企业导师配置情况,对企业开展企业新型学徒制培训的内在需求与必要性进行评估。三是通过职工访谈，深入了解企业员工参加企业新型学徒制培训的意愿，掌握学徒工作环境、工作强度等具体学情，对开展企业新型学徒制的组织工作进行评估。

二、确定培训需求

企校双方共同组建企业新型学徒制培训项目调研小组，深入开展培训需求调研。调研内容聚焦行业发展趋势、企业文化特质、技能人才构成、安全生产规范、岗位专业知识和操作技能等。调研对象主要包括企业负责人、基层管理者、工程技术人员、一线职工等。调研方式主要有集中座谈、个人访谈、问卷调查、现场观摩等。

以常州天合光能有限公司为例，学院深入公司电池制造、晶硅、设施、组件四个主要事业部开展实地调研，历时近2个月，近300人次参与，采集企业相关信息约1 000条，方案定稿历经论证、修改达10余次。

三、制订培养计划

根据"企校双师带徒、工学交替培养"的总体要求，学院制订培养计划时整合企校资源，一方面发挥学院在方法能力和专业理论方面的培训优势，另一方面发挥企业的技术能力和岗位实操优势。通过多年来的工作实践，学院逐步形成了企业新型学徒制"学校教学+岗位练习+专项能力+导师课题"的人才培养模式。

在制订培养计划调研中，学院深入开展企业培训需求研究，在充分吸收企业专家意见和建议的基础上，对培训需求进行教学化改造，将其提炼形成相应培训课程；制定课程标准，明确课程主要知识点和关键技能点，确定课程教学模块及学时分配，构建了"10%职业素养+30%专业知识技能+60%岗位技能"的项目课程体系。

在教学方法选用上，依据企业生产及学徒特点，由企业导师及学院指导教师组成的"双师"团队，坚持"开放、灵活、多样"的教学组织原则，采用讲授、观摩、示范、实操、岗位指导、多媒体、在线学习、在线辅导、自学等教学组织形式，实现了教师—师傅、教室—车间、工位—岗位的自然转换。例如，在常州天合光能有限公司单片机课程教学中，根据课程难度大、学徒基础薄弱的情况，指导教师运用微信平台布置课前预习作业，开发专用单片机实验板，借助网络教学资源库，通过多种教学方法和手段并用，获得了良好的教学效果。

电工基本技能模块实操练习

PLC 机电控制系统应用模块实操练习

四、组织教学实施

企校共同组建师资队伍，实行"企校双导师制"，制定了《企业新型学徒制导师选拔标准》《企业新型学徒制导师管理办法》等制度文件。企业导师和指导教师配置采取"师徒双向选择、企校适当调整"的方式，按照指导教师带徒不超过 15 人、企业导师带徒不超过 5 人的要求，配齐配优培训师资。例如，常州天合光能有限公司培训项目参训学徒 100 名，学院配备了 7 名指导教师（2 名硕士研究生和 5 名高级技师），公司配备 21 名企业导师，为项目顺利实施提供了强有力的师资保障。

企校多措并举，解决工学矛盾。主要解决办法有：工作时间与工余时间相叠加、工作时间调换班、线上线下学习相结合等。例如，在江苏华威世纪电子集团有限公司企业新型学徒制培训项目中，原计划安排下班时间和周末休息时间上课，后来发现学徒缺课率较高，公司决定将上课时间由非工作时间调整为工作时间，每周2次，每次1.5小时。同时，为确保生产线正常运转，为每位学徒指定一名代班人员提前上班接替参训学徒有关工作。公司按加班规定为代班人员发放补贴累计13.8万元。调整后参训学徒的到课率由原来的82.3%提升至96%。

五、开展考核评价

学院根据企业生产实际和学徒特点，制定弹性学制、学分制管理制度，并建立了与之相适应的教学质量评价体系和考核制度，由企业、学院、鉴定机构共同对教学质量进行考核评价。考核评价注重过程性评价与结果性评价相结合，注重学业成绩与工作绩效相结合。考核评价项目主要包括学徒的专业理论、职业素养、岗位技能和工作业绩等。

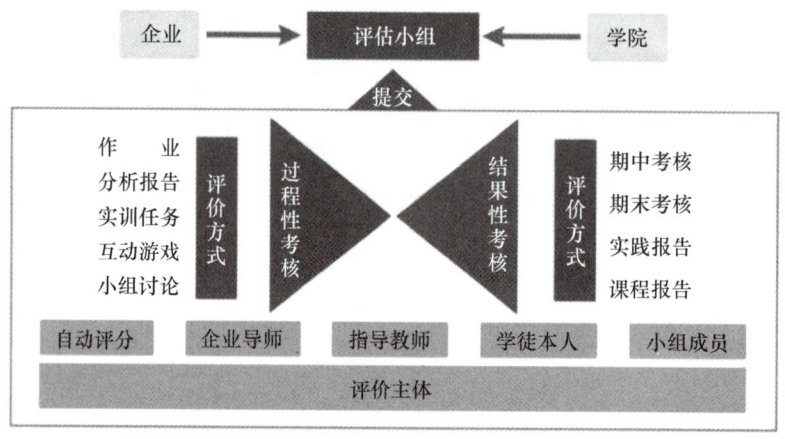

学徒制评价体系

学徒结业成绩评价表

过程性评价（50%）				结果性评价（50%）
出勤（10%）	作业（10%）	理论考核（40%）	技能考核（40%）	职业资格评价或职业技能等级认定

学徒培训期满，经考核评价合格，按规定颁发相应职业资格证书、职业技能等级证书或培训合格证书。在学院推行企业新型学徒制培训项目中，学徒获得了更好的职业发展，企业生产效益得到提升。例如，江苏华威世纪电子集团有限公司学徒中的一线操作岗位人员，通过培训缩短了其在所在岗位的培养时间，并且

全部晋级为岗位工序中最高星级的员工——五星级员工，开机效率也得到了提升，参训学徒的人均产量比未参训员工的人均产量高出12%。5名学徒在培训期间被所在车间破格选拔为设备维护岗位人员，2名学徒晋升为工序组长，1名学徒还晋升为设备主管。

浙江省长兴技师学院

2015年人力资源社会保障部开展企业新型学徒制试点工作，2018年在全国推行企业新型学徒制。浙江省长兴技师学院（以下简称长兴技师学院）积极参与企业新型学徒制的试点与推广工作，并根据县域产业特色精准定位，联合乡镇成人文化技术学校（以下简称成校），量身定制技能人才培育标准，打造出"一乡一品、一镇一校"的区域特色企业新型学徒制人才培训品牌。经过近两年的建设，学院累计开设企业新型学徒制培训班级26个，共为1 117名企业新型学徒开展培训工作。企业新型学徒制培训工作既有量的扩充又有质的提升，得到了当地企业的高度认可，取得了良好的社会效益和经济效益，构建了有"中国特色、浙江特点"的企业新型学徒制培训的"长兴模式"，同时经历了探索、实践、总结、提升的过程，即破局—扩展—纵深三个阶段。

一、破局

企业新型学徒制要想顺利推广，先要激发企业的积极性，而在现实中，很多企业对此积极性并不高，在长兴这种情况尤为突出。长兴当地企业以中小企业为主，大部分企业还处于谋求生存阶段，对企业职工的培养关注不足，担心培训会影响企业生产，同时担心企业在花费人力、物力对职工进行培训后，技能人才的流失会造成企业的资源浪费。

企业新型学徒培育不是由一方完成的，而是需要政、企、校三方协同配合。要想打破僵局，就要激发各方积极性。当用常规方法无法解决问题的时候，就需要创新。

（一）制度创新

1. 长兴县政府将企业新型学徒制推广任务纳入乡镇考核。长兴县的企业主要分布在各个乡镇，要在乡镇企业推广企业新型学徒制，必须要激发乡镇的积极性，发挥乡镇的主导作用。考核就是一个有力的推手。

2. 资金的灵活使用。政策规定财政部门可向企业预支不超过50%的补贴资金，剩余的补贴资金在培训任务完成后发放。这种最后结算方式的周期太长，会影响到学徒和教师的参训积极性。而且学徒也有顾虑，一旦考试不合格，就没有任何补贴，等于浪费时间。长兴县政府考虑到这个情况，适当调整政策为财政提前预支培训经费，支付学徒补贴和教师津贴并按月结算。如果学徒参与培训但考试不合格，也能得到一半的补贴。这种办法消除了学徒的顾虑，增强了激励的效果。

（二）组织创新

学院离乡镇企业较远，要推进企业新型学徒制，必须建立沟通联络的组织。调研发现，可以通过两类组织发挥沟通联络的作用。

1. 发挥成校的中介作用。每个乡镇都有一所成校，负责开展技能培训，但成校自身没有师资，需要借用社会培训师资开展培训。在长兴技师学院的推动下，成校逐步成为沟通企业和技师学院的桥梁和中介。由于成校和当地企业更为熟悉、了解企业的需求，企业因此信任成校并自然会支持配合其工作，遇到困难时，成校也能借助行政力量去克服和解决。

发挥成校的作用，是长兴企业新型学徒制培训的一大创新。事实证明，成校在推进企业参与企业新型学徒制方面发挥了很大的作用。长兴技师学院在和平镇开展企业新型学徒制建设之初，当地企业的积极性不高，起初只有一家企业参与。由于成校是乡镇办、乡镇管、乡镇受益的学校，技师学院便发挥和平成校与当地企业的联动作用，一起深入企业，与企业管理层对接，逐步激发企业的参与热情。随后，三方共同组建学徒班级、确定培训场地、确定培训内容，使企业新型学徒制培训工作在和平镇全面铺开。截至目前，该镇有50%的机加工企业参与了企业新型学徒制培训。

2. 建立"分院+分中心"的学徒制培训机构。乡镇成校自身师资不足，设备有限。企业和长兴技师学院相距较远，学徒到校参训不便，学院就尝试在成校建立学徒制培训机构。

在培训职业（工种）较为齐全、具有一定规模的成校，学院设立"分院"，与其在培训设备、培训师资、培训内容及管理模式等方面实现资源共享，保证企业新型学徒在当地就能享受到优质的培训。以长兴技师学院南太湖分院（李家巷成校）为例，该分院完全参照长兴技师学院的办学模式和场室建设，俨然成为一家小型的技师学院。学院为当地成校提供价值120万元的实训设备，帮助建设实训场地 1 000 米^2，完成车工、电工、焊工、钳工等4个高技能培训实训室的建设，每年为南太湖产业聚集园绿色智能制造企业培养技能型人才1 500人次，其中高技能人才500人次。

在培训职业（工种）较为单一、办学规模较小的成校，学院设立"分中心"，在培训师资、培训内容方面实现资源共享，学院定期指派指导教师在分中心对学徒进行培训。以长兴技师学院虹星桥分中心（虹星桥成校）为例，学院与分中心共同走访企业，与企业商定培训内容和培训形式，共同确定培训场地和培训时间。按照培训要求，学院定期为分中心安排指导教师，分别在企业和成校进行专业课程和通用核心能力课程的培训工作。2021年3月，虹星桥分中心与当地企业加力仓储设备股份有限公司联合举办的企业新型学徒制钳工高级工班正式开班，54名企业新型学徒分别在企业和成校完成为期一年的技能和理论知识培训。

3. 打造"平台计划"。为了更好地联系企业、深入企业、服务企业，以企业、成校、技师学院三方力量共同推进企业新型学徒制工作的良性发展，长兴技师学院联合成校打造"平台计划"。"平台计划"包含三个方面：一是搭建企业新型学徒制培训平台，二是成为当地企业的服务平台，三是发展企校沟通的信息平台。

培训平台是由技师学院主导的，由当地成校与地方领军企业共同搭建，通过企校共建高水平培训基地，解除企业新型学徒制培训过程中的地域和设备限制，提高学徒培养质量，打造企业新型学徒制培训基地。

服务平台能更好地帮助成校找准自身定位，发挥其在企业新型学徒制培训过程中的桥梁作用，以中小企业为突破口，帮助其克服规模小、实力有限、无法单独组织学徒培训的难题。

信息平台是技师学院及时掌握企业实际所需的工具，也是技师学院及时调整学徒培养机制的重要支撑。在学院开展企业新型学徒通用核心能力培训前期，信息平台起到了关键性作用。2020年5月，虹星桥成校在走访企业了解企业新型学徒制培训效果时，发现在日企工作过的职工依然能够在生产过程中以 5S 管理为工作指导，其个人的通用核心能力得到了企业的高度认可。成校及时将这一信息传达给技师学院，促使学院在培育企业新型学徒时，注重技能水平和通用核心能力的双提升。

（三）主动服务

制度创新和组织创新的背后，是技师学院的主动服务。自长兴县推行企业新型学徒制培训以来，长兴技师学院就积极参与，深入企业调研，为政府部门建言献策，很多建议都得到政府部门的采纳。在开展企业新型学徒制培训过程中，学院领导和培训部门主动作为，积极服务教师，保障教学质量。

二、扩展

在企业新型学徒制实施过程中，长兴技师学院和成校围绕企业需求，在服务内容和方式方法上不断改革创新。

（一）培育员工的职业素养

在和企业接触过程中，技师学院发现企业不仅重视员工的技能水平，也关注员工的通用核心能力。基于此，长兴技师学院扩展了培训目标与内容，在学徒制高级工班课程中加入了通用核心能力的培养内容，构建了"五能四维三段"学徒通用核心能力培育模式。

"五能四维三段"学徒通用核心能力培育模式主要依托长兴技师学院"和合工匠文化"，在企业新型学徒制培训的实践和研究中加以渗透融合，提炼出企业新型学徒的五种通用核心能力，即有底蕴、讲规则、强素养、精技能、重实践。同时通过三师队伍锻造、多元课程浸润、"五能"有机融合、创新评价机制四个维度的建设，实现对学徒匠苗、匠人和匠才三个阶段的分层培育。在匠苗培育阶段，侧重对学徒企业文化底蕴、企业规则意识的养成；在匠人培育阶段，侧重对学徒职业素养、工匠精神的渗透；在匠才培育阶段，侧重对学徒工匠精神、创新实践能力的提升。

（二）培养复合型人才

和平成校在走访企业的过程中，发现企业特别需要复合型人才。因为中小企业为了节省人力成本，更希望员工是多面手，具备多项技能，一专多能。下一步，

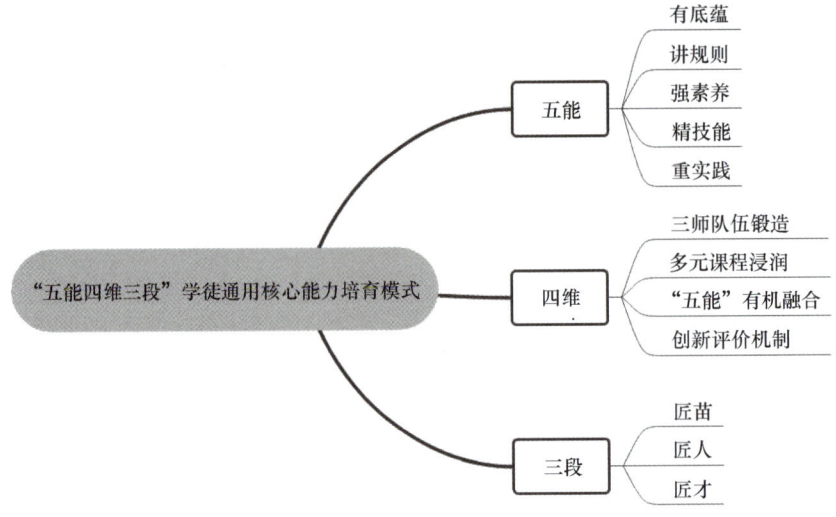

"五能四维三段"学徒通用核心能力培育模式

和平成校将构思如何培养复合型人才,这也是对现有企业新型学徒制培训的一个拓展。

三、纵深

如果说破局是为长兴企业新型学徒制培训的实施理顺了模式,那么扩展就是在横向上扩充服务内容,纵深就是在纵向上不断深入,做强内涵,提高质量。

(一)培养三师型教师

技师学院的教师需要符合双师型教师的要求,既懂理论又会实践。企业新型学徒制要求培训教师是行业专家,这样才能够站在行业技术的前沿引领学徒。同时,教师还要有服务意识,为企业未来着想,为学徒发展着想。

(二)总结培训成效

在为期两年的企业新型学徒制培训工作中,长兴技师学院专注于模式的探索和培训学徒数量的提升。接下来,技师学院还会对现有培训成效进行总结,采用问卷、访谈等方式,对参加培训的学徒、学徒主管进行跟踪调查,了解培训效果,总结经验,不断改进培训工作。

(三)参与研究工作

随着企业新型学徒制工作的全面推行,在长兴技师学院的积极建议下,由浙江省中华职业教育社牵头成立了浙江省学徒制研究中心,学院院长担任了研究中心副主任。长兴技师学院将进一步发挥研究平台的联动作用,在人才培养、教育质量上进行更加深入的探索和实践。

企业新型学徒制还需要持续的探索。企业新型学徒制的"长兴模式"破局已经基本完成,效果明显。但是由于时间短、可借鉴的经验有限,扩展和纵深都需要继续探索,尤其是在教学组织、课程设置、教学方法方面,期望有更多的经验总结成形。

国际篇

学徒制国际合作项目介绍

国际劳工组织在1939年学徒制建议书（第60号公约）中第一次定义了学徒制的概念，随后其被更加详细、范围更广的1962年职业培训建议书（第117号建议书）提出的概念所取代——"在某一机构（企业或事业机构）或某一独立工匠手下开展的针对已认证职业的系统性、长期性培训，应该受书面学徒协议约束，并遵循既有标准"。第117号建议书重点关注与劳动力市场联系的重要性，强调学徒制应具有系统性、长期性，与特定职业和既定标准相对应，具有工作导向的实质性组成部分，并应以书面协议为基础。

第117号建议书中有专门关于学徒制培训的段落，规定了学徒制培训的一系列要求。这些段落列举了"学徒式"职业认证以及建立学徒制相应监管框架的必要条件，并就学徒协议的内容以及实施学徒制企业的认证与监督提出了详细方案。这些段落也注意到，需要格外考虑招录要求、期限、在岗和脱产培训间的关系、评估、资格认证、薪酬、事故保险和带薪休假等问题。

国际劳工组织还针对职业培训通过了相关公约与建议书，诸如1975年通过的《人力资源开发公约》（第142号公约）和2004年通过的《人力资源开发建议书》（第195号建议书），将包括学徒制在内的职业培训作为终身学习、开发人力资源的重要方式。随着劳动世界的快速变化，学徒制也被赋予了新的内涵和作用。

2018年，国际劳工组织理事会第334届会议进一步要求国际劳工局将学徒制的标准制定列入2021年国际劳工大会第110届会议的议程。国际劳工局就学徒制的相关讨论编写了《优质学徒制框架》，介绍了世界各国学徒制体系的法律和实践状况。2021年，国际劳工大会就学徒制标准制定正式展开讨论。

近年来，国际劳工组织开发了一系列与学徒制相关的指南与工具。其中，最具标志性的是两卷本的优质学徒制系列工具。《优质学徒制系列工具第一卷：政策制定者指南》（2017）旨在为各国政策制定者提供与学徒制相关的政策建议，并明确了优质学徒制的六大基石；《优质学徒制系列工具第二卷：从业者指南》（2020）则为开发和实施学徒制培训的各类从业者提供了全面、实用的指导。① 同时，国际劳工组织还配套开发了优质学徒制培训企业线上课程②、优质学徒制在线开放课程，旨在帮助从业者学习全球各国的实用工具和精选案例。2018年，国际劳工组织与国际雇主组织共同开发了《优质学徒制工具：企业指南》，为企业——特别是中小企业——设计和实施符合其技能需求的学徒制培训提供了有效的工具与建议。2021年，国际劳工组织开发了《学徒制政策与体系国家评估工具》，其中包含评估指南及面向政府部门、社会伙伴及毕业后学徒的问卷模板，提供了针对国家学徒制政策与体系的评估框架。国际劳工组织参与、实施了数个支持优质学徒制的计划和项目，倡导优质学徒制的理念，强调培训质量及其与劳动力市场的相关性。

国际劳工组织倡导的学徒制体系特点如下：优质学徒制是职业技术教育与培训的独特形式，结合了在岗和脱产培训，让学习者能够从生活的方方面面获得与某一特定职业相关的知识、技能和能力。优质学徒制受到法律以及通过社会对话实现的集体协议和政策决定的监管和经费保障，需要通过书面协议详细规定学徒与雇主各方的作用和责任。学徒制也将为学徒提供薪酬，将其纳入标准社会保障覆盖范围。经过一段时期定位精准、结构清晰的培训，在成功完成正式评估后，学徒便可获得资格认证。

青年男女有很多方式去获得在岗和脱产培训，国际劳工组织实现成功的优质

---

① 两卷指南均已推出中文版，请见：https://www.ilo.org/beijing/what-we-do/publications/WCMS_711984/lang--zh/index.htm。

② 线上课程已开发中文版。

学徒制的思路方法主要基于六大基石：有意义的社会对话、强健的监管框架、明确的角色与职责、公平的经费安排、较强的劳动力市场相关性及包容性。

在技术创新、人口结构变化、气候变化和全球化等力量的推动下，劳动世界也正在发生影响深远的变革。核心技能——可在不同职业、专业以及不同层级的工作之间转用、迁移的非技术技能——重要性与日俱增。为此，国际劳工组织正在制定《面向21世纪的核心技能全球框架》，明确核心技能的术语、分类和定义。国际劳工组织倡导核心技能提升包括了社会和情感技能、认知技能、基本数字操作技能和绿色工作技能的提升，并将核心技能培训融入包括学徒制在内的职业培训。

2020年11月23日，人力资源社会保障部办公厅印发了《关于与国际劳工组织开展学徒制培训国际合作项目试点工作的通知》（人社厅函〔2020〕166号），标志着学徒制培训国际合作从理论准备、前期筹划进入试点实践。人力资源社会保障部确定天津市、重庆市、浙江省湖州市、山东省日照市、中国石油天然气集团有限公司为试点单位。

通知印发的《学徒制培训国际合作项目试点工作方案》重点明确了两项内容。一是试点目标：通过与国际劳工组织开展学徒制培训国际合作项目试点工作，加强学徒制培训领域的国际交流合作，总结我国企业新型学徒制培训的经验做法，提高学徒制培训成效，进一步推动我国企业新型学徒制培训工作。二是试点内容：与国际劳工组织合作开展对我国企业新型学徒制培训的研究、试点使用国际劳工组织开发的学徒制培训工具、与国际劳工组织合作开展能力建设研讨活动等。

截至2021年5月底，项目试点工作稳步推进并取得积极成果。一是学徒制新理念和新工具深入人心。项目试点工作启动会暨研讨会、核心技能提升培训会、从业者能力建设研讨会以线下线上结合方式陆续召开，近130家次单位有关人员近400人次参加了有关会议。在试点技术指导工作组指导下，试点单位踊跃参加研究和学徒制培训工具试用工作。二是试点单位结合试点工作积极探索企业新型学徒制新模式。特别是在试点期间，试点单位中国石油天然气集团有限公司发布了《企业新型学徒制实施方案》以全面推行企业新型学徒制。三是项目试点工作得到媒体广泛关注，产生积极社会影响。如人力资源社会保障部网站等政府官网、国际劳工组织官网及社交媒体、新华网等中央媒体、重庆日报等地方媒体、腾讯网等网络媒体等对我国企业新型学徒制和项目试点工作进行了报道。四是项目试点工作取得初步研究成果。国际劳工组织基于其倡导的优质学徒制体系六大基石，对从参与项目试点单位回收的问卷进行了初步研究，得出了有关研究成果及工作建议。

国际劳工组织倡导的优质学徒制概况[①]

一、优质学徒制的特点

优质学徒制能够给利益相关方带来多种多样的好处,包括协助年轻人从学校到职场的过渡、促进教育世界与劳动世界间的相互协调、带来良好的商业价值、提供经济适用的职业教育与培训、使中小企业受益。

(一)协助年轻人从学校到职场的过渡

2008年,第97届国际劳工大会认可了学徒制的重要性,认为"学徒制是有效的手段,为年轻人实现了从学校到劳动世界的衔接,使他们能够在接受技术和专业培训的同时获得工作经验。这将解决他们就业时所面临的缺少工作经验的问题"。

欧盟委员会的研究显示,学徒制持续不断地产生积极的就业成果。平均有60%~70%(某些案例中最高达到90%)的学徒能够保障在完成学徒制之后立刻就业,澳大利亚、比利时、法国、爱尔兰和英国均是如此。学徒制项目,尤其是与双轨制培训体系相关的项目,在就业方面产生了非常好的效果,这使得大量成员国引入了类似的学徒制计划,或对已有的学徒制体系进行改革。例如,比利时、

---

① 摘选自国际劳工组织出版的《优质学徒制系列工具第一卷:政策制定者指南》(2017)。

塞浦路斯、意大利、罗马尼亚和西班牙。

巴西对《学徒制法案》的影响力评估显示，与未从此类项目中受益的人们相比，学徒在毕业后有更多的机会获得非临时性的正规工作，在中短期内的薪酬也会更高。

此外，与其他接受职业教育的学生群体相比，学徒的就业会更加容易，这在荷兰的案例中有显著体现。

> **荷兰：利用职业教育与培训通道就业的相对成功率**
>
> 在荷兰，可以利用两种通道获得职业教育与培训资格：工作导向的学徒制通道（BBL）和学校导向的通道（BOL）。荷兰体系的创新之处在于两种认证资格的价值是等同的。数据显示，在就业机会方面，BBL 和 BOL 两种通道间有着明显的区别。2012 年，成功完成 BBL 通道的群体失业率较低（3%），而完成 BOL 通道的群体失业率根据资格等级的不同，为 11%~30%。此外，BOL 学生找到第一份工作所需要的平均时间为一个月，而 BBL 学徒则只需要两周左右。

获得第一份工作对于年轻人来说是真正的挑战。雇主不愿意聘用没有工作经验且"工作准备充分程度"未知的青年。雇主想知道这些年轻人是否能够适应企业的文化、是否足够成熟以能够严肃地对待工作、是否拥有适当的软技能和专业技能来做好工作，这些都很难通过短暂的面试做出判断。优质学徒制项目能使雇主延长招聘的过程，更能观察年轻人的能力和资质，并同时培训他们从事企业需要的各项工作的技能。与此同时，学徒也能够有机会做出经过深思熟虑的培训和职业选择，展示他们的能力与潜力。

（二）促进教育世界与劳动世界间的相互协调

优质学徒制能系统稳定地促进职业教育培训机构和劳动力市场间的合作。这使得企业能够影响职业教育与培训机构课程大纲和培训模式的设计，同时让职业教育与培训机构的培训人员更好地理解实际工作中所需要的知识、技能和能力。这种相互促进的协作关系有利于提升培训的质量与有效性，减少技能不匹配的风险。

例如,在澳大利亚,提供在岗培训的企业与提供脱产培训的职业教育与培训机构二者间的协作,是学徒制体系的核心特点,也让学徒(或培训生)、企业和整个社会经济都获益匪浅。

> **澳大利亚:促进教育世界和劳动世界间的相互协调**
>
> 丰田澳大利亚公司与维多利亚州的康安技术和继续教育学院(TAFE)建立了伙伴关系,共同肩负起培训学徒的责任。丰田和康安学院每月举行一次会议,探讨学徒培训的进展、可能出现的问题以及培训项目可能做出的改善。例如,他们发现,对在工作车间的澳大利亚学徒开展必修的良师益友项目,给学徒制培训带来了显著成效。在这种伙伴关系下,一项根据产业和企业情况量身定制的培训评估认证得以开发,以支持导师辅导项目,丰田公司的很多企业内导师都拥有这项资格认证。

(三)带来良好的商业价值

企业之所以投资优质学徒制,是由于其能够产生良好的商业价值。美国劳工部指出,优质学徒制能够稳定输送合格员工,降低招聘成本,同时能够提升员工留用率。

> **美国:学徒制给雇主带来的益处**
>
> 优质学徒制帮助企业培养高技能员工。优质学徒制能够降低员工流动率、提高生产力、减少招聘成本。其他的一些益处包括:
> ● 定制化培训,满足行业标准,为企业需求量身定制,可以培养出高技能员工。
> ● 通过跟随经验丰富的导师进行在岗学习不断实现知识传承,并结合课堂教育支持工作导向型学习。

> • 提升员工留用率：完成学徒制项目的学徒中，有91%的人在9个月后依然在该企业工作。
> • 项目强调职业安全培训，增强工作环境的安全性，相应地减少了工伤赔偿成本。
> • 稳定、可靠的合格工人输送渠道。
> • 系统化的培训渠道，确保员工所获得的培训和认证达到职业所需的最高技能水平要求。

如下图所示，世界范围内雇主对于学徒制一般持积极看法。根据美洲开发银行的报告，大部分的雇主对学徒制感到满意，并指出企业在生产力方面有所改善。

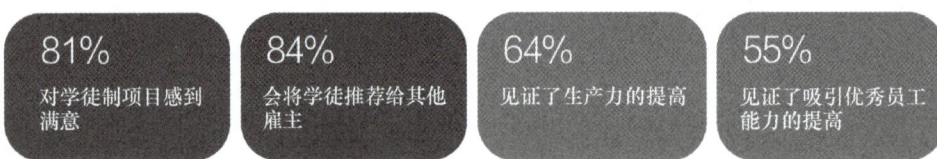

81% 对学徒制项目感到满意　　84% 会将学徒推荐给其他雇主　　64% 见证了生产力的提高　　55% 见证了吸引优秀员工能力的提高

世界各国雇主对于学徒制的看法

来源：Fazio et al., 2016。

另外一项益处则是学徒制对企业创新能力产生的积极影响。受到良好培训的员工更能理解企业生产流程的复杂性，能够发现问题并采取措施，为企业做出技术上的改进。

随着时间的推移，以技能工人为基础的企业所获得的收益将会远远超过最初对于新学徒的投资。在学徒学习工作所需技能后，生产力得到提高，企业就会收回培训成本，获得净利润。

（四）提供经济适用的职业教育与培训

新科技与其他各种因素使劳动力市场的技能需求持续变化。预测未来的技能需求，为职业教育与培训机构配备最新的设备和工具，更新课程大纲和培训模式，提升教师与培训者的技能，这些都需要大量成本，并且不是一蹴而就的。

如果公共机构及其他资助方能够促成教育世界和劳动世界间建立起伙伴关系，职业教育与培训机构和企业就能够互用资源（例如装备和设施、所积累的知识和经验)。通过共同分摊培训成本,企业和负责职业技术教育培训的政府部门就能够共同享有培训带来的收益。

如下图所示,英国国家审计办公室报告所述,对学徒制的公共投资带来的经济收益是十分可观的。政府对学徒培训投资 1 英镑净现值的净收益预计为 16～21 英镑。

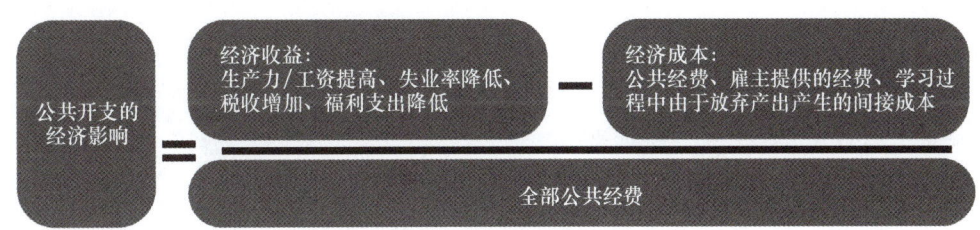

英国公共投资的经济收益

来源:英国国家审计办公室,2012。

(五) 优质学徒制使中小企业受益

在地方劳动力市场中,中小企业十分重要,它们通常在支持地方就业、拉动地方经济增长方面发挥着重要作用。中小企业通常会利用优质学徒制解决技能短缺的问题,实现企业未来的发展,使青年人获得专业技能,制造出高质量的产品,提供高质量的服务。学徒通过在职业教育与培训机构进行脱产培训,能够接触到最前沿的技术创新,中小企业也会从中受益。

美洲开发银行的报告《二十一世纪的学徒制:拉丁美洲和加勒比海国家模式》指出,拉丁美洲和加勒比海地区国家关注学徒制的原因有很多,下图对其进行了归纳。

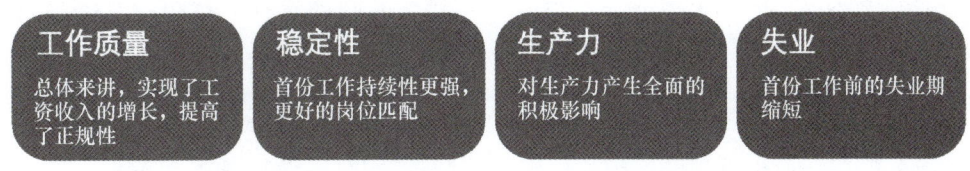

拉丁美洲和加勒比海地区国家学徒制带来的主要影响

来源:Fazio et al.,2016。

国际组织和国际层面的社会伙伴对推广优质学徒制已经达成了强烈共识,学徒制会带来一系列益处,应该采取相关措施并制定相关原则,以支持学徒制的设计和实施。

二、优质学徒制体系的六大基石

国际劳工组织总结出,要开发成功的优质学徒制体系,如右图所示主要需要六大基石:有意义的社会对话、强健的监管框架、明确的角色与职责、公平的经费安排、较强的劳动力市场相关性、包容性。这些基本要素为何如此重要?主要有以下几个方面的原因:

优质学徒制是教育世界与劳动世界之间的桥梁,建立在社会伙伴(雇主、雇主组织和工会)参与的社会对话基础之上,这些社会伙伴最了解需要什么样的培训以及该怎样培训。

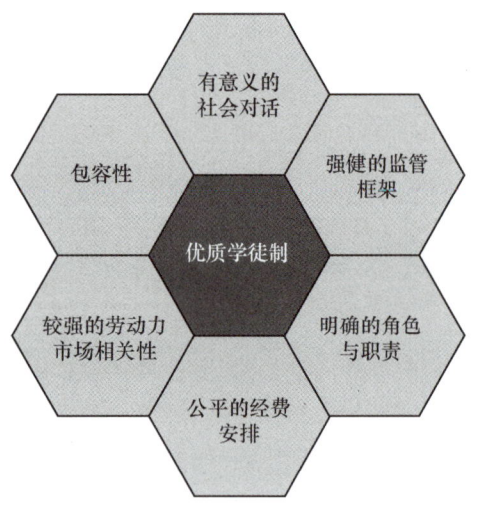

优质学徒制体系的基本要素

优质学徒制需要一个强健稳定的监管框架,该框架为学徒制体系的设计和实施提供了总体条件,并确保学徒的体面工作。

优质学徒制建立在众多利益相关方的支持和承诺之上,这些利益相关方清楚了解自身的角色和职责,他们也拥有共同的目标,这确保了整个体系的一致性和凝聚力。

优质学徒制为政府部门、雇主和学徒本身都带来了成本和收益。必须有一个明确的总体认识,即成本是公平分摊的,这样才能确保所有利益相关方愿意长期参与。

优质学徒制使青年人做好就业、参与劳动力市场的准备。这意味着雇主和学徒必须了解职业需求和技能需求,以及如何对这些技能进行认证。

优质学徒制不仅仅是为某个社会群体设计的。若要使学徒制为所有人提供机会,需要采取积极的行动,提升学徒制参与的多元性,完善报告和问责机制,增强灵活性,为学徒制提供更多建议与支持。

国际劳工组织倡导的优质学徒制培训项目实施方法[①]

一、优质学徒制培训的周期

下页图阐释了优质学徒制培训周期包括四个阶段。第一阶段制定优质学徒制培训项目，通常发生在第二阶段准备高质量培训的场所前，有时也会和第二阶段同时进行。一旦准备就绪，就可以开展学徒培训的组织（第三阶段）。完成项目后，学徒后续的就业或继续教育和培训成为培训后的过渡与评估（第四阶段）的要素之一。评估的结果，尤其是项目带来的影响和从中汲取的经验教训，可作为给政策大环境下各利益相关方的反馈。因此，项目的评估结果将为国家法律、政策和制度的制定与修订提供依据，进而完善了优质学徒制培训周期的四个阶段。为了确保学徒制培训的质量及其与劳动力市场的相关性，优质学徒制的六大基石应成为周期四个阶段的基础。

对优质学徒制培训周期的图示是一种简化了的描述，实际上这是一个复杂过程，在不同流程间可能存在许多无法在图中体现的微妙联系。四个阶段不一定以线性方式依次进行，极有可能互相重叠。此外，在实践中，培训项目的反馈不仅仅是作为评估的一部分只在周期末尾时收集，而是在每个阶段收集，从而为其他

[①] 摘选自国际劳工组织出版的《优质学徒制系列工具 第二卷：从业者指南》（2020）。

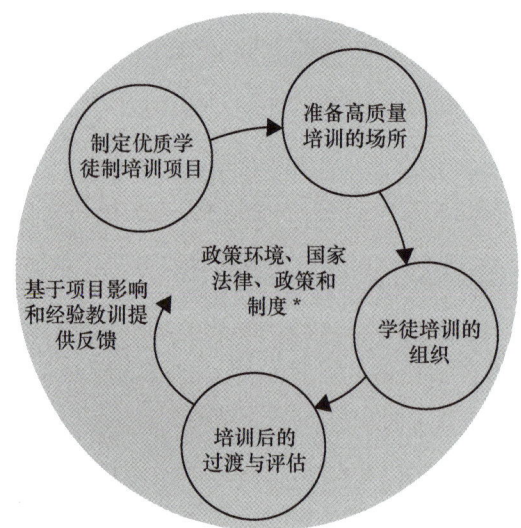

* 优质学徒制体系的六大基石

| 有意义的社会对话 | 强健的监管框架 | 明确的角色与职责 | 公平的经费安排 | 较强的劳动力市场相关性 | 包容性 |

优质学徒制培训周期

各阶段和政策规划提供参考。

二、理解优质学徒制的政策框架和制度

如上图所示，包括国家法律、政策、监管和制度框架在内的政策环境，决定了学徒制培训项目制定和实施的方式。因此，作为最低要求，从业人员应在制定学徒制培训项目前充分了解国家政策环境。

三、学徒制培训周期的四个阶段

（一）第一阶段：制定优质学徒制培训项目

项目的制定是学徒制培训周期的第一阶段。从业人员应将项目与劳动力市场需求和国家的资格认证体系紧密联系起来。雇主和工人组织了解劳动力市场需求，教育和培训专业人员熟悉资格认证标准和课程大纲开发，因此二者之间的有效协作对实现这些目标至关重要。学徒制培训的制定通常包括以下流程：

1. 建立社会对话的机制框架。

> **机制框架示例**
>
> 国家层面：联邦职业教育与培训研究所（德国）、中央学徒委员会（印度）。
>
> 行业层面：行业教育和培训机构（SETA，南非）、国家产业培训服务局（SENAI，巴西）、国家专业技术培训学院行业咨询委员会（多米尼加）。
>
> 地方层面：行业协会职业培训委员会（德国）。
>
> 企业层面：劳斯莱斯公司设置了管理委员会，负责制定学徒制培训的政策和发展方向。委员会由工厂经理、生产主管、学徒项目经理和人力资源经理组成，每年举行3~4次会议。管理委员会负责确定学徒和实习生的未来需求，审核学徒学习进度，解决项目可能出现的重大问题，并审议项目改动提案。

2. 明确行业和职业的技能需求。

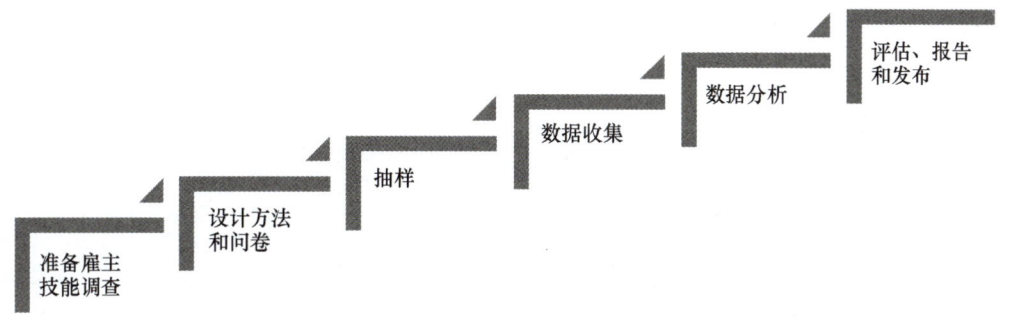

开展技能调查的步骤

来源：Mane and Corbella，2017。

3. 根据技能需求评估制定职业概况和课程大纲。

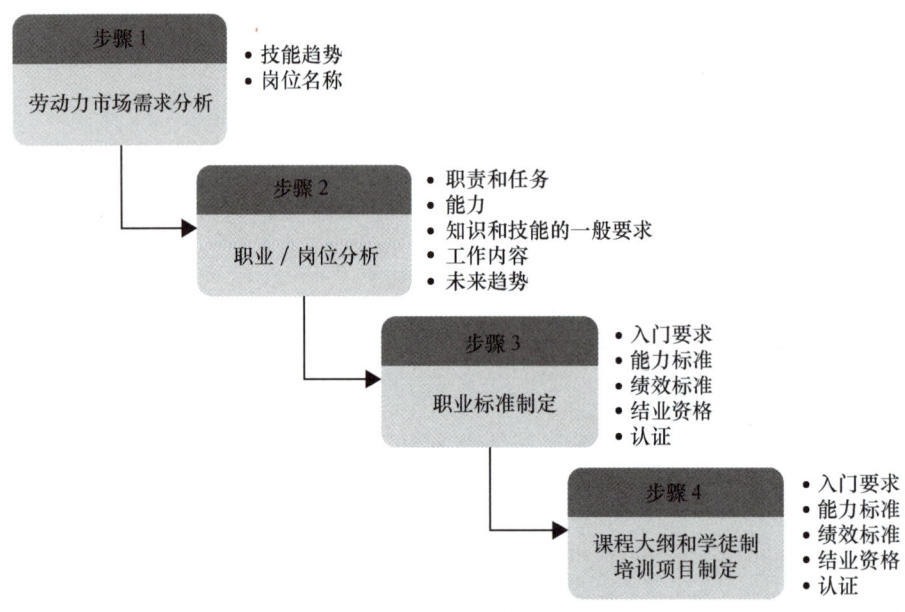

基于劳动力市场需求分析制定课程大纲

来源：Adapted from E-TVET Council，2015。

4. 提供教学和学习材料。

瑞士：REALTO——在线平台，用于获取体验、创建学习内容并连接不同学习场所

学徒制培训提供了许多优势，但也带来了一些挑战。其中一个挑战是，学徒们往往会意识到他们在学校学到的知识和在工作场所需要的技能之间存在差异。解决这一差异需要理论知识和实践知识的系统整合。REALTO 是加强这种整合的新一代职业教育培训在线平台。该平台创造了一个共享的数字空间，让学徒们通过照片、视频和文本的形式存储和分享他们的经验。这一在线平台同时支持教师创建学习活动，阐释理论概念与工作场所的相关性。

这种共享空间的存在使得学生、教师和导师之间能够建立联系。所有的利益相关方都能够获得学生在学习和职业方面的进展信息，从而使其在学生需要时能提供和协调相关支持。

(二) 第二阶段:准备高质量培训的场所

在制定项目之后,下一阶段是确保所有培训场所都有足够的设施和系统以及合格的工作人员,满足特定职业或部门的培训规定或课程大纲要求。除了企业和职业教育培训中心,培训也可以在中介机构进行。因此,根据质量保证的流程,从业者应支持相关机构准备培训场所,可能涉及以下几个方面:

1. 招收并注册提供学徒培训的企业。

德国:ABB 公司培训中心

ABB 在德国建立了两个地区培训中心,为 ABB 学徒以及其他企业(主要是中小型企业)的学徒提供培训。2019 年,ABB 培训中心的 1 600 名学徒中,44%是 ABB 公司自身的学徒,56%则来自两个培训中心周边地区约 245 家合作企业。

ABB 培训中心采用的网络式培训能够满足为较小型企业提供学徒制培训项目的要求。此外,该培训中心还向中小型企业提供行政和推广支持,负责为中小型企业筛选学徒候选人,与地区内学校签订合作协议,并定期组织信息分享活动和实践日活动,以推广中心的职业项目和途径。

2. 制定学徒制协议。

瑞士:学徒制培训协议样本

在瑞士,学徒制培训协议以标准化模板为基础,专门参考公认的国家职业教育培训资格而制定。学徒制培训协议是一种独特的雇佣合同形式,其中包括了一些将学徒制作为培训和教育形式而制定的专门条款。

在形式以及必须涵盖的要素方面,学徒制培训协议都是标准化的,这些要素包括工资、完成学徒期时将获得的资格、保险问题等。瑞士没有法定最低工资,行业协会提供建议的学徒工资等级,但学徒工资是可以自由决定的。学徒和企业基于此类合同而拥有的义务和权利，由国家法律（职业教育法、义务法、就业法等）的相应规定支持。为了确保学徒制培训的质量（即只允许获得培训授权的企业与学徒签订协议），避免滥用协议，以及获得职业教育学校的平行录用，企业和学徒签字后，由州（地方）主管机构批准协议，使其生效。

3. 在学徒制培训中建立合作关系。

欧洲学徒制联盟

欧洲学徒制联盟将各国政府和主要利益相关方联合起来，旨在提升欧洲学徒制培训的质量、供给和整体形象，同时促进学徒的流动性。

欧洲学徒制联盟是分享和学习最佳实践经验的平台，给会员提供机会寻找合作伙伴，推广活动，开发新的想法和活动，并提供有关学徒制培训的新闻和最新工具。

除了各国政府，欧洲学徒制联盟的成员还包括企业和商业组织，工业、商业和手工艺协会，教育和培训机构，青年和非营利性组织，区域和地方主管机构，社会伙伴，专业和网络机构，研究机构和智库等。

4. 确保职业教育培训机构提供岗外培训的能力。

澳大利亚：职业教育培训机构标准

在澳大利亚，岗外培训只能由注册培训机构向学徒提供，此类机构必须符合法律规定的以下8项标准：

1. 注册培训机构的培训、考核策略与实施都是针对行业和学徒的需求而制定，满足培训计划和职业教育培训认证课程的要求。

2. 注册培训机构的运营应有质量保证。

3. 注册培训机构应发布、维护和认可澳大利亚学历资格框架认证文件，并提供学徒的记录。

4. 提供有关注册培训机构及其服务和绩效的准确且可阅读的信息，供未来和当前的学徒和客户参考。

5. 注册培训机构在开始提供服务之前，向学徒提供相关信息，包括注册培训机构将向学徒提供的服务，以及双方的权利和义务的概述。

6. 注册培训机构制定透明的投诉政策，确保投诉和申诉能得到公正、高效和有效的记录、确认和处理。

7. 注册培训机构具备有效的管理和行政安排能力。

8. 注册培训机构与职业教育培训监管机构合作，并始终遵守法律。

设立这些标准的目的是培训学徒具备就业或未来学习所需的能力，并确保注册培训机构的运营合乎道德规范，充分考虑到学徒和企业的需求。

5. 让员工做好培训和指导学徒的准备。

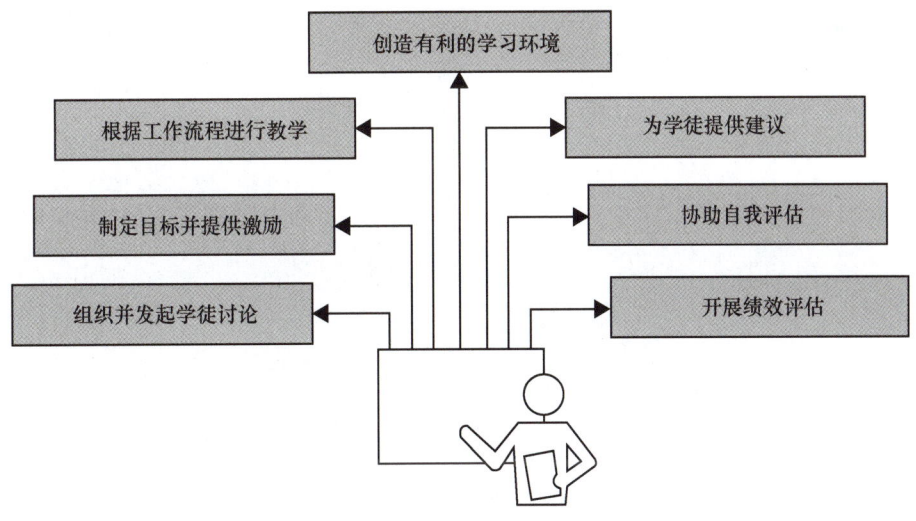

职业教育培训教师的教学内容

6. 为了确保培训质量，一些国家规定了各种培训场所的注册或认证程序。

(三) 第三阶段：学徒培训的组织

在确定了学徒制培训的基本条件之后，下一步是组织和提供学徒制培训，可能涉及以下内容：

1. 吸引应聘者参加学徒制培训。

> **瑞士：职业指导和咨询服务**
>
> 在瑞士，职业生涯入学教育是义务教育的组成部分，学校专门开设了相关课程。通过"职前实习"，学生们可以到企业体验一段时间，深入了解自己感兴趣的职业。学校与地方层面的专业顾问密切合作，提供专门的职业指导和咨询服务。对于义务教育阶段的学生和未继续接受义务教育的年轻人，该服务是免费的。国家的在线平台为各种初期职业教育培训和继续职业教育培训中的职业及其发展道路提供了额外信息。
>
> 寻找开放的学徒制职位，通常是在公开的劳动力市场中进行的，但通过各种在线平台和服务，雇主可以宣传他们的空缺职位。在遇到困难时，职业指导和咨询服务能够帮助年轻人找到学徒制职位。

2. 录用学徒。

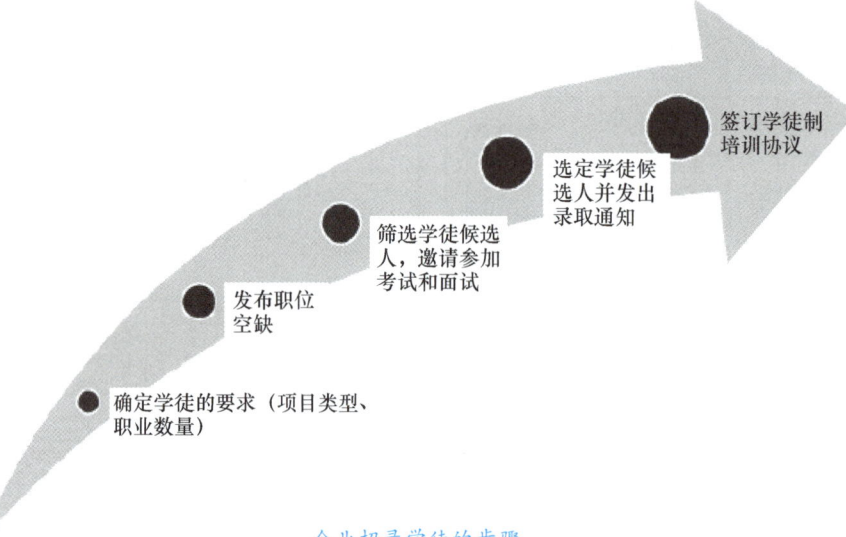

企业招录学徒的步骤

3. 制订培训计划。

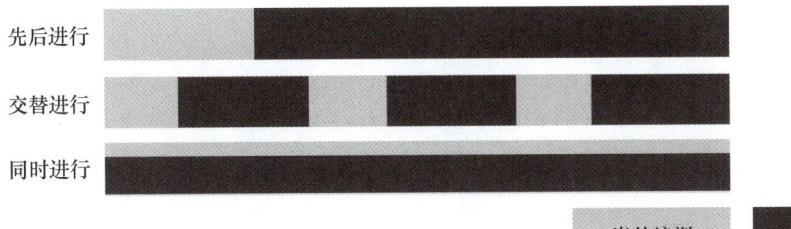

在岗和岗外培训的计划安排

4. 实施有效的培训方法。

> **英国：伦敦城市行业协会的职业教育联盟推荐职业教育学习方法**
>
> 向专家学习——观察、模仿、倾听、抄写和记忆。
>
> 不断练习——不断试错、试验或发现以及反复认真练习。
>
> 动手操作——制作、画草图和简图。
>
> 将反馈用于学习——通过对话、反思、教导与帮助他人及利用评估情况来指导学习方法。
>
> 一对一辅导——接受辅导和指导。
>
> 在实践中学习——通过个人或合作的调查研究，借助批判性思维和所产生的知识，解决现实世界的问题。
>
> 争分夺秒——通过模拟实战、角色扮演以及游戏展开相互竞争。
>
> 在线学习——借助虚拟环境，实现虚拟与现实学习环境的无缝结合。
>
> 随时随地学习——最后一类学习方法提醒我们，学徒所学的很多内容并不是提前计划好的，因此要强调时刻做好学习的准备，这种"即刻更新"的学习方法是无计划和非正式的，是从计划外情况中汲取经验的学习方式。

5. 监测项目、评估能力和认证资格。

印度：在线模拟测试和考核评估

在印度，学徒考核评估的理论部分在线上进行，而实践测试则由雇主在工作场所进行。国家教学媒体研究所（NIMI）开发了一项工具，让学徒在线上平台进行模拟测试，帮助他们评估和扩展其知识和技能，并为理论考试做准备。试题分为三个难度等级，用于考核所掌握的知识、实际问题理解能力和解决问题能力，同时附有图片来测试学徒的实际理解能力。

测试结束时，平台会自动生成结果，并给出正确的答案和解释，这样学徒不仅可以对自身掌握的知识进行评估，还可以为总结性评估做学习准备。学徒还可以通过该工具参加所有理论科目的在线总结性评估。

6. 确保社会包容性。

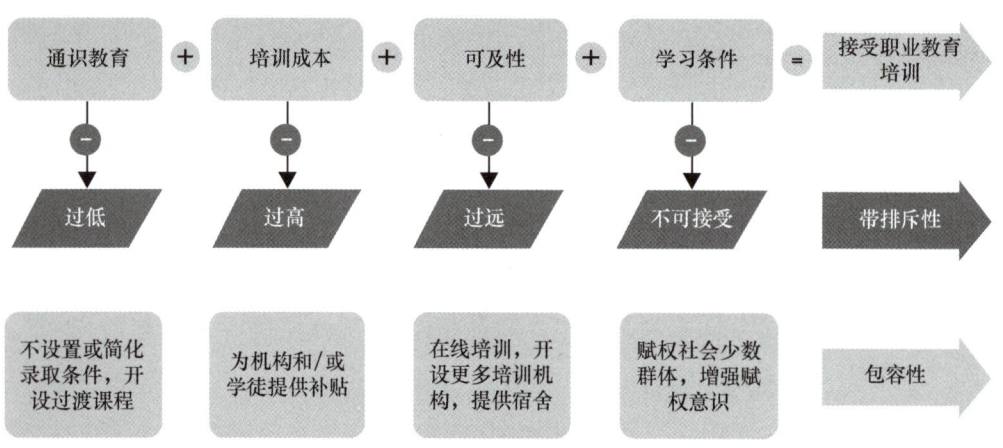

职业教育培训和学徒制培训面临的包容性方面的挑战

来源：Based on Kehl et al., 2019。

为了有效地提供培训，应在整个培训中对学徒提供支持，并监督其学习进度。根据优质学徒制的组成要素，学徒招录应遵循公平和包容的原则。在招聘之前，可以采取特殊措施，例如学徒预备制，帮助那些缺乏技能和资格的学生被成功录取并完成项目。

（四）第四阶段：培训后的过渡与评估

在成功完成项目后，学徒可以进入劳动力市场，或追求更高的职业资格或职业技能等级。学徒制毕业生短期和长期的各种职业路径可以作为衡量学徒制培训质量的指标。因此，对学徒制培训的培训后评估包括"追踪"研究，即评审学徒毕业后的过渡情况。评估本身并不是目的，而是为政策制定者和从业者提供了反馈循环，使他们能够继续完善政策环境和学徒制培训。

同样，优质学徒制的基础要素是项目实施的关键。评估的主要目的是评价项目是否有助于学徒成功过渡到劳动力市场（这是对劳动力市场相关性的关键检验），但也应反映出包容性方面的要求。因此，应明确和监测弱势群体和女性学徒的过渡情况。主要流程如下：

1. 向劳动力市场的过渡以及继续教育和培训。

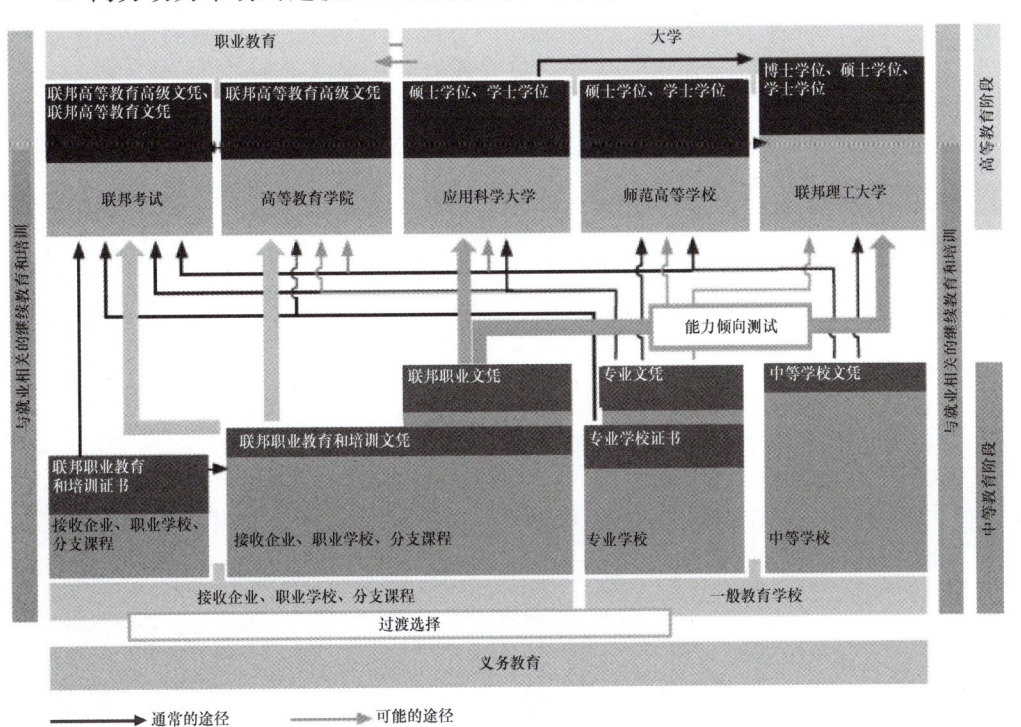

瑞士体系中的职业和专业培训途径

来源：摘编自 SERI，2019。

2. 学徒制培训评估。

> **韩国：对学徒制培训项目经济和社会成效的分析**
>
> 在韩国，对学徒制培训项目的评估主要是经济和社会成效分析。
>
> 经济成效的检验主要是从雇主的角度进行成本收益分析。总成本包括人员费用（如学徒收入、企业内培训师津贴）、运营费用（如教材、培训设备）及学徒选拔和招录费用（如广告和宣传）。总收益包括学徒生产率的提高、新工人录用或保留成本的降低以及政府的激励措施。
>
> 社会成效则分为三个层面进行分类和评估：
>
> ●国家层面——4项成果，即青年就业率的提高、开始第一份工作的年龄降低、求职时间缩短、供需不匹配得到缓解。
>
> ●组织层面——11项成果，包括企业实施在岗培训和内部培训方面能力的增强，以及学徒工作绩效、适应能力和满意度的提升等。
>
> ●个人层面——7项成果，包括就业能力和工作绩效的提高、企业适应能力的提高，以及由工作保障和福利增加带来的心理幸福感提升等。
>
> 来源：Kang, Jeon and Lee, 2017。

工具篇 XT

"中国特色企业新型学徒制" 图解

基本原则
- 坚持需求导向
- 坚持终身培训
- 坚持校企政联动
- 坚持以用为本

目标

以企业新型学徒制培训为引领，促进企业技能人才培养，不断提升企业技术创新能力和企业竞争力

企业技能岗位
- 新入职员工都有机会接受高质量岗前职业技能培训
- 转岗员工都有机会接受转岗就业储备性技能培训

主要内容

培养对象

至少签订 1 年劳动合同的技能岗位新招用和转岗等人员

企业可结合生产实际自主确定培养对象

培养模式
- 培养和评价"双结合"
- 企业实训基地和院校培训基地"双基地"
- 企业导师和院校导师"双导师"

培养目标

以符合企业岗位需求的中级工、高级工及技师、高级技师为主

培养期限

1~2 年

特殊情况可延长到 3 年

中国特色企业新型学徒制工作指南

主要内容

主要方式

◆ 各类企业特别是规模以上企业

可采用举办培训班、集训班等形式，采取弹性学制和学分制等管理手段，按照"一班一方案"开展学徒培训

◆ 中小微企业

可由地方工商联或所属商会，会同当地人力资源社会保障部门根据培训职业，统一协调和集中多个中小微企业人员开展培训

培养内容

依据　国家职业技能标准/行业、企业培训评价规范

积极应用　互联网+/职业培训包等培训模式

加大以下方面的培训力度

企业生产岗位技能/数字技能/绿色技能/安全生产技能和职业道德/职业素养/工匠精神/质量意识/法律意识/创业创新/健康卫生等

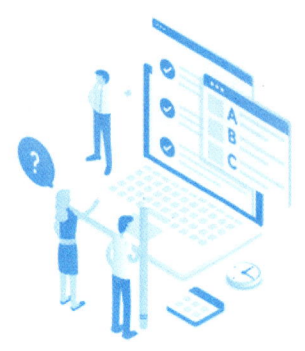

培养主体职责

企业新型学徒培养的主体职责由所在企业承担

◆ 企业应与学徒签订培养协议

同一批次同类职业（工种）可签订集体培养协议

◆ 企业应与培训机构签订合作协议

激励机制

完善经费补贴政策

◆ **补贴给谁**

对开展学徒培训的企业按规定给予职业培训补贴

◆ **补贴标准是多少**

补贴标准由各市（地）人力资源社会保障部门会同财政部门确定，学徒每人每年的补贴标准原则上5 000元以上，补贴期限按照实际培训期限（不超过备案期限）计算，可结合经济发展、培训成本、物价指数等情况定期调整

◆ **怎样申领补贴**

企业可按照学徒社保缴纳地或就业所在地申领职业培训补贴

培训前企业将有关材料报所在地人力资源社会保障部门备案，经审核后列入学徒培训计划，并按规定向企业预支补贴资金

培训任务完成后，企业应向所在地人力资源社会保障部门及时提交有关材料，由相关部门按照符合补贴申领条件的人员数量，及时拨付其余补贴资金

健全企业保障机制

◆ 学徒在学习培训期间，企业应当按照劳动合同法的规定支付工资，且工资不得低于企业所在地最低工资标准

◆ 企业按照与培训机构签订的合作协议约定，向培训机构支付学徒培训费用，所需资金从企业职工教育经费中列支

◆ 符合有关政策规定的，由政府提供职业培训和职业技能鉴定补贴

◆ 承担带徒任务的企业导师享受导师带徒津贴，津贴标准由企业确定，津贴由企业承担

◆ 企业对学徒开展在岗培训、业务研修等企业内部发生的费用，符合有关政策规定的，可从企业职工教育经费中列支

建立奖励激励机制

充分发挥技能人才创帮带优势

充分利用技能人才培养阵地

◆ 鼓励"名师带高徒""师徒结对子"

◆ 鼓励建立学徒奖学金、师带徒津贴，制定职业技术技能等级认定优惠政策

注：该图依据《人力资源社会保障部 财政部 国务院国资委 中华全国总工会 全国工商联关于印发〈关于全面推行中国特色企业新型学徒制 加强技能人才培养的指导意见〉的通知》（人社部发〔2021〕39号）整理。

中国特色企业新型学徒制工作流程参考示例

一、企业申报及申领补贴流程参考示例

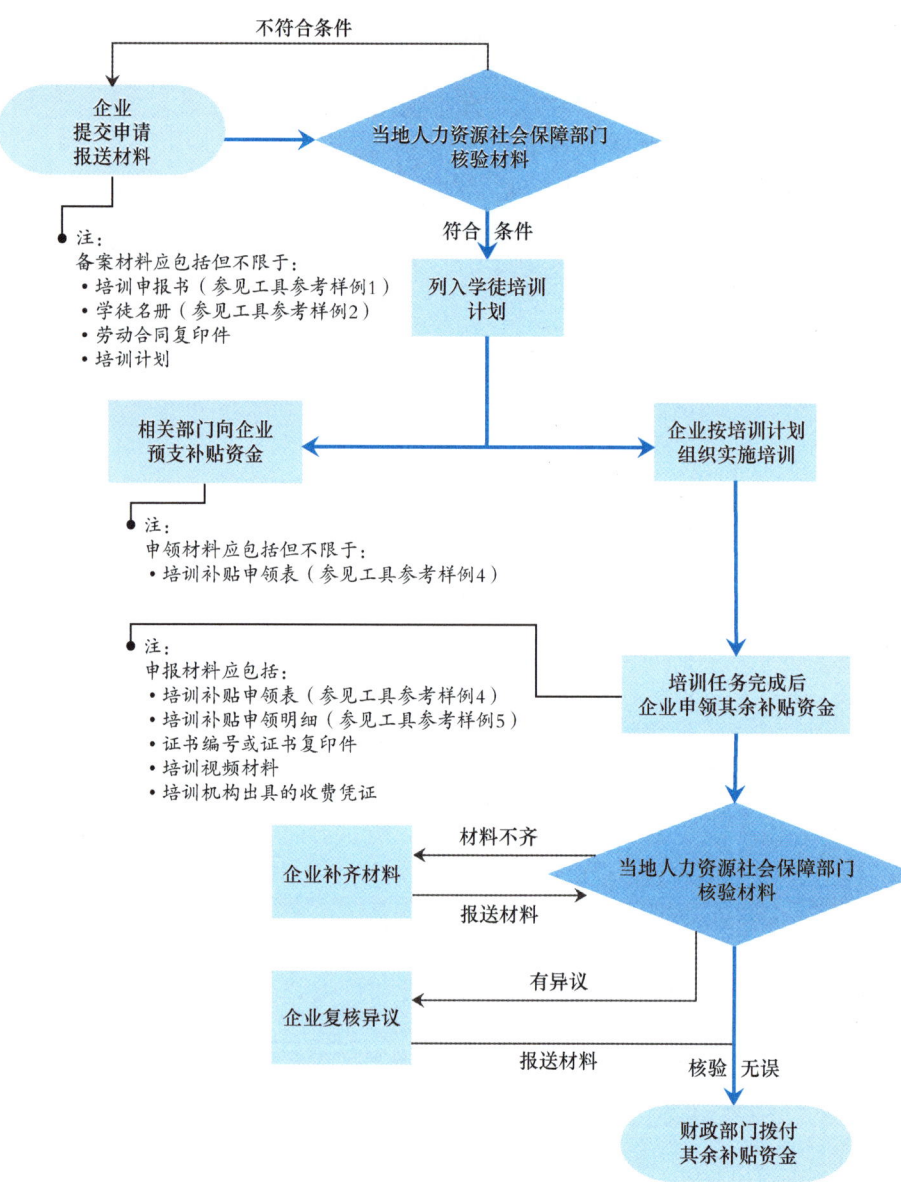

二、企业组织实施培训流程参考示例

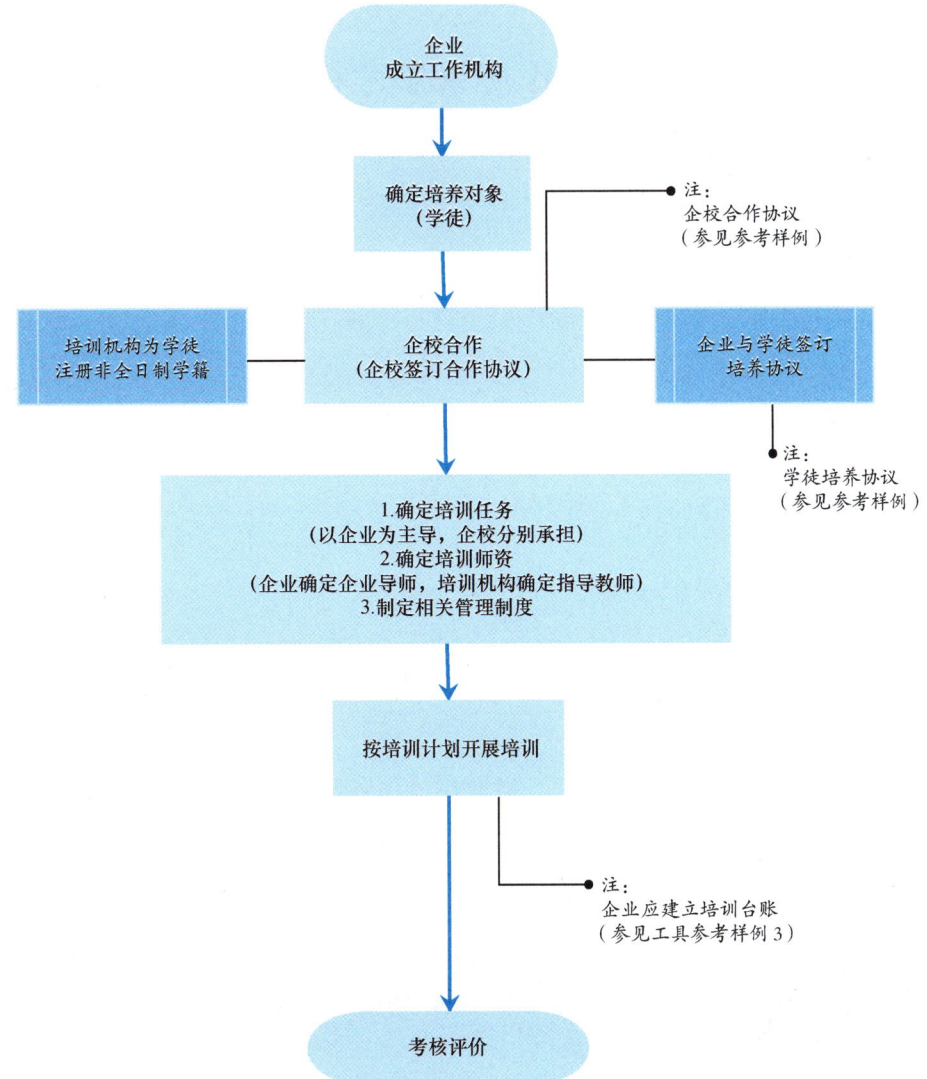

三、相关说明

上述流程供各地开展中国特色企业新型学徒制培训参考，具体内容根据当地人力资源社会保障等部门制定的实施方案要求确定。

企校合作协议参考样例
（企业与培训机构）

甲方（企业）：
邮寄地址：
法定代表人：
联系方式：

乙方（培训机构）：
邮寄地址：
法定代表人：
联系方式：

为贯彻《人力资源社会保障部 财政部 国务院国资委 中华全国总工会 全国工商联关于印发〈关于全面推行中国特色企业新型学徒制 加强技能人才培养的指导意见〉的通知》（人社部发〔2021〕39号）精神，根据_____省（区、市）人力资源社会保障厅（局）_____文件要求，甲乙双方经友好协商，就合作开展中国特色企业新型学徒制培训工作达成如下协议。

一、培训方式

甲乙双方采取"企校双制、工学一体"的培养模式共同培养学徒。甲方培养主要采取导师带徒方式，乙方培养主要采取工学一体化培训方式。（企业可结合生产实际与合作培训机构约定具体培训方式）

二、培训计划

甲乙双方依据甲方需求共同协商组织实施培训，分别承担相应培训任务，并就培训内容、期限及人数等约定如下。

序号	培训职业（工种）	培训等级	培训期限	培训人数

培训内容主要包括职业素养、安全生产规范和专业知识、操作技能等，加大企业生产岗位技能、数字技能、绿色技能、安全生产技能和职业道德、工匠精神、质量意识、法律常识、创业创新、健康卫生等方面培训力度。其中，甲方侧重_____等内容培训，乙方侧重_____等内容培训。（企业可结合生产实际与合作培训机构约定具体培训内容）

三、培训费用

甲方依据_____标准向乙方支付培训费用，费用结算期限按实际培训期限（不超过备案期限）计算，支付方式为_____，支付时间为_____。乙方负责向甲方提供行政事业性收费票据（或税务发票）等符合甲方财务管理规定的凭证。

四、甲方责任与义务

1. 甲方负责联合乙方共同确定学徒培训计划，明确培训方式、培训内容和期限、质量考核标准等。

2. 甲方保证学徒在企业工作的同时，能够到乙方参加系统的、有针对性的专业知识学习和相关技能训练。

3. 甲方负责选拔优秀的高技能人才担任学徒的企业导师，并对企业导师的教学过程、教学质量进行督导评价。

4. 甲方负责对学徒进行企业培训期间的组织管理等。

5. 甲方和乙方共同对参训学徒进行考核评价（考核标准可由甲乙双方共同协

商确认）。

五、乙方责任与义务

1. 乙方负责配合甲方确定学徒培训计划。
2. 乙方负责对学徒进行非全日制学籍注册。
3. 乙方要结合甲方生产和学徒工作生活实际，采取弹性学制，实行学分制管理，建立和完善适合弹性学制和学分制的教学质量评价体系和考核制度。
4. 乙方应为学徒安排具备相应专业知识和操作技能水平的指导教师，负责承担学徒的学校教学任务，强化理论知识学习，做好与企业实践技能的衔接。
5. 乙方负责对学徒进行培训机构培训期间的组织管理等。
6. 乙方和甲方共同对参训学徒进行考核评价。

（企业可结合生产实际与合作培训机构约定双方责任与义务具体内容）

六、违约责任

（企业可结合与合作培训机构约定的权利义务，明确相关违约责任）

七、其他事项

（企业可结合生产实际与合作培训机构约定其他事项）

八、附则

1. 双方因协议的解释或履行发生争议，由双方协商解决。协商不成，任何一方可向原告（或被告）方住所地人民法院提起诉讼。
2. 本协议的变更、续签及其他未尽事宜，由双方另行签署补充协议。
3. 本协议自双方签字盖章后生效，有效期为_____年。
4. 本协议一式____份，甲方执____份、乙方执____份为凭。

甲方（盖章）：　　　　　　　　　　乙方（盖章）：

签字人：　　　　　　　　　　　　　签字人：

　　年　　月　　日　　　　　　　　　年　　月　　日

学徒培养协议参考样例

（企业与学徒）

甲方（企业）：
乙方（学徒）： 身份证号：

为贯彻《人力资源社会保障部 财政部 国务院国资委 中华全国总工会 全国工商联关于印发〈关于全面推行中国特色企业新型学徒制 加强技能人才培养的意见〉的通知》（人社部发〔2021〕39号）精神，根据_____省（区、市）人力资源社会保障厅（局）_____文件要求，甲乙双方经友好协商，签订本协议。

一、培训目标

培养乙方成为甲方_____岗位需求的中级工（或高级工、技师、高级技师），并取得相应职业资格证书（或职业技能等级证书、培训合格证书、毕业证书）。

二、培训内容与期限

培训内容：工匠精神、职业素养、安全生产规范及相关专业知识和操作技能。（企业可结合生产实际增加培训内容）

培训期限：自___年___月___日至___年___月___日。

三、培训方式

采取"企校双制、工学一体"的培养模式，由甲方和甲方合作的培训机构共同承担培训任务，甲方培养主要采取导师带徒方式，甲方合作的培训机构培养主

要采取工学一体化培训方式。(企业可结合生产实际确定具体培训方式)

四、质量考核标准

1. 培训过程中，甲方对乙方进行课程学习及岗位实践评价。(企业可结合生产实际附具体评价标准)

2. 乙方培训期满，可参加职业资格评价（或职业技能等级认定）或结业（或毕业）考核，合格者可取得相应的职业资格证书（或职业技能等级证书、培训合格证书、毕业证书）。

五、责任与义务

1. 甲方负责与其合作的培训机构共同确定乙方的培训计划，选拔优秀高技能人才担任乙方的企业导师，帮助乙方逐步掌握并不断提升技能水平和职业素养，使之能够达到职业技能标准和岗位要求，具备从事相应技能岗位工作的能力。

2. 甲方承担乙方培训费用，费用期限按实际培训期限（不超过备案期限）计算，在协议执行期间，甲方按照劳动合同约定向乙方支付工资（工资不得低于甲方所在地最低工资标准）。

3. 乙方在培训期间应严格遵守相关规定，有义务接受甲方及其合作的培训机构的管理、考核与评价。

(企业可结合生产实际和学徒工作生活实际约定双方责任与义务具体内容)

六、违约责任

(企业可结合本协议第五条约定的具体内容，明确相关责任)

七、其他事项

(企业可结合实际与学徒约定其他事项)

八、附则

1. 甲乙双方在履行本协议过程中若发生纠纷和争议，由双方协商解决。协商不能达成一致意见的，任何一方有权向劳动合同履行地的劳动争议调解部门申请调解。

2. 本协议的变更、续签及其他未尽事宜，由双方另行签署补充协议。

3. 本协议自双方签字（盖章）后生效，有效期为_____年。

4. 本协议一式____份，甲方执____份、乙方执____份，各份具有同等法律效力。

甲方（盖章）： 　　　　　　　　　乙方（签字）：

签字人：

　　年　　月　　日　　　　　　　　年　　月　　日

中国特色企业新型学徒制相关工具参考样例

一、申报流程工具参考样例

工具参考样例1：中国特色企业新型学徒制培训申报书。
工具参考样例2：中国特色企业新型学徒制培训学徒名册。

二、组织实施工具参考样例

工具参考样例3：中国特色企业新型学徒制培训台账。

三、申领补贴工具参考样例

工具参考样例4：中国特色企业新型学徒制培训补贴申领表。
工具参考样例5：中国特色企业新型学徒制培训补贴申领明细。

四、统计汇报工具参考样例

工具参考样例6：中国特色企业新型学徒制培训情况汇总表。

五、相关说明

上述工具样例供各地开展中国特色企业新型学徒制培训参考。各地、各企业、各培训机构可根据当地人力资源社会保障部门、财政部门制定的中国特色企业新型学徒制实施方案要求，结合地方、企业及培训机构实际情况增补、调整相关内容。

样例中所称培训机构指技工院校、职业院校、职业培训机构、企业培训中心等。

工具参考样例 1

中国特色企业新型学徒制培训
申　报　书

企业名称：＿＿＿＿＿＿＿＿＿＿＿＿＿＿＿（公章）

培训机构名称：＿＿＿＿＿＿＿＿＿＿＿（公章）

所属市（区、县）：＿＿＿＿＿＿＿＿＿＿

申报日期：＿＿＿＿＿＿＿＿＿＿＿＿＿＿

＿＿＿＿＿＿人力资源和社会保障厅（局）制

填 写 要 求

一、请按照要求，如实填写，仔细核对。

二、文字描述要说清时间、内容、结果，抓住重点，叙述简要。

三、此表请使用 A4 纸双面打印，左侧装订，一式三份，连同电子文档一并上报。

企业基本信息

企业名称			
组织机构代码		成立日期	
法定代表人姓名		身份证号	
企业类型		职工人数	
培训工作负责人信息	姓名		
	办公电话		
	手机号码		
	电子邮箱		
企业地址			
企业培训体系建设情况	（重点说明职工教育经费使用方向，现有职工培训主要内容、场地和培训管理人员情况等）		

续表

企业技能人才队伍建设情况	（简要介绍企业人才发展规划、技能人才比例结构、导师队伍、培养能力、技能人才激励制度、岗位考核办法、绩效管理情况等）

合作培训机构基本信息

培训机构名称		
资本属性	□公办　□民办＿＿＿＿＿＿＿＿＿＿＿（民办机构请填写办学资质）	
联系人信息	姓名	
	办公电话	
	手机号码	
	电子邮箱	
培训机构技能人才培养情况	［简要介绍场地、设备、培训职业（工种）或专业建设情况、培训规模等］	

学徒培训计划

岗位名称	培训职业（工种）	培训等级	培训期限	培训人数
合计				
培训实施计划				

续表

学徒管理与保障	（简要介绍学徒确定条件、考核标准，以及工资、福利和完成学徒培养任务所需经费管理等保障措施）
申报单位意见	（签章） 年　月　日
人力资源社会保障部门审核意见	（签章） 年　月　日
备注	

工具参考样例 2

中国特色企业新型学徒制培训学徒名册

年度：
企业名称（盖章）：　　　　　　　　　　　培训机构名称（盖章）：
联系电话：　　　　　　　　　　　　　　　填表日期：
填表人：

序号	姓名	户籍地	性别	年龄	民族	学历	身份证号	已取得职业资格证书或职业技能等级证书		培训职业（工种）	培训等级	培训期限	取证类别
								职业（工种）	等级				
1													
2													
3													
4													
5													
6													
7													
8													
9													
10													

审批部门（盖章）：

注："取证类别"项请列明职业资格证书、职业技能等级证书、培训合格证书、毕业证书等。

工具参考样例 3

中国特色企业新型学徒制培训台账

企业名称：

序号	姓名	性别	年龄	民族	学历	身份证号	培训职业（工种）	技能等级	企业导师	培训机构名称及班次	指导教师	培训时间	考核成绩	联系方式
1														
2														
3														
4														
5														
6														
7														
8														

经办人（签字）：　　　　　　　　　　　　　负责人（签字）：

工具参考样例 4

中国特色企业新型学徒制培训补贴申领表

企业名称					
组织机构代码			法定代表人姓名		
企业开户行名称及账号					
联系人信息	姓名				
	办公电话				
	手机号码				
	电子邮箱				
申领补贴情况 □预支补贴资金　□其余补贴资金					
培训等级	补贴标准 [万元/(人·年)]	培训人数	补贴总额 （万元）	预支补贴金额 （万元）	其余补贴金额 （万元）
中级工					
高级工					
技师					
高级技师					
合计					
企业意见： （签章） 　年　月　日			人力资源社会保障部门意见： （签章） 　年　月　日		
备注： 　1. 申领预支补贴资金时，请勾选"预支补贴资金"项，并填明"预支补贴金额"；申领其余补贴资金时，请勾选"其余补贴资金"项，填明"其余补贴金额"的同时应一并填明"预支补贴金额"。 　2. 如同一培训等级的不同项目补贴标准不同，可增加"培训等级"类别，如中级工（一般项目）、中级工（急需项目）等。					

工具参考样例 5

中国特色企业新型学徒制培训补贴申领明细

申领企业(盖章):

申领日期:

序号	姓名	年龄	性别	身份证号	培训职业(工种)	培训等级	培训时间	培训机构名称	取证类别	证书编号	补贴金额(元)
1											
2											
3											
4											
5											
6											
合计	—	—	—	—	—	—	—	—	—	—	

经办人(签字):　　　　　　　　　　　负责人(签字):

注:该明细单用于申领其余补贴资金时使用。其中,"取证类别"项请列明证书名称,有证书编号的需一并填写"证书编号"。

工具参考样例 6

中国特色企业新型学徒制培训情况汇总表

填报单位（盖章）： 填报日期：

序号	企业名称	属地	合作培训机构名称	支付补贴资金总金额（元）	培训人数				
					中级工	高级工	技师	高级技师	合计
1									
2									
3									
4									
5									
6									
7									
8									
9									
合计									

经办人（签字）： 负责人（签字）：

中国特色企业新型学徒制培训指导计划

为贯彻落实《人力资源社会保障部 财政部 国务院国资委 中华全国总工会 全国工商联关于印发〈关于全面推行中国特色企业新型学徒制 加强技能人才培养的指导意见〉的通知》（人社部发〔2021〕39号）精神，指导规范各地中国特色企业新型学徒制培训工作开展，特制定本培训指导计划。

一、培训对象及目标

中国特色企业新型学徒制培训以与企业至少签订1年以上劳动合同的技能岗位新招用和转岗等人员为主要培养对象，企业可结合生产实际自主确定培养对象。学徒培养目标以符合企业岗位需求的中级工、高级工及技师、高级技师为主，培养期限为1~2年，特殊情况可延长到3年。通过企校双师带徒、工学交替培养等模式，使学徒达到相应技能水平，具备从事相应技能岗位工作的能力。

二、培养内容及形式

培养内容主要包括职业素养、安全生产规范和专业知识、操作技能，特别是工匠精神的培育。中国特色企业新型学徒制培训课程应包括通用素质课程、专业基础课程和操作技能课程。以企业为主导确定具体培养任务，由企业和培训机构分别承担培训任务。企业和培训机构可结合实际灵活确定培训形式，通用素质课程及专业基础课程培训可采取集中授课或网络学习模式开展，操作技能课程培训可结合工作任务和在岗训练，按职业（工种）开展集中实操教学或按课题形式分小组实施。

（一）通用素质课程方面

培养和提高学徒的职业素养，使其了解企业情况，掌握相关法律法规，具备良好的职业道德品质和一定的职业能力，能够安全从事生产或服务工作，深入理解并践行工匠精神，成为有理想、有道德、有知识、有能力、有纪律的技术工人。

（二）专业基础课程方面

掌握相应职业（工种）的专业基础知识，为适应不同专业技能的学习打下良好的基础。

（三）操作技能课程方面

依据《国家职业技能标准》和《国家基本职业培训包（指南包 课程包)》[未开发《国家职业技能标准》和《国家基本职业培训包（指南包 课程包)》的职业（工种）依据行业、企业培训评价规范，下同]，结合企业实际需求开展。通过培训，使学徒掌握专业知识和岗位操作技能，达到中级工、高级工、技师或高级技师技能水平。

三、课程学时分配比例建议

中国特色企业新型学徒制培训采用集中培训和岗位训练相结合的方式进行，学时数量由企校结合企业生产实际协商确定，每年累计总学时原则上应不少于400学时（每学时不少于45分钟），由企业和培训机构共同组织实施。中国特色企业新型学徒制培训在课程设置上结合企业生产和学徒工作生活实际，突出弹性特点，灵活采用多种培训模式开展教学与学习活动，构建工学结合、工学交替的学分制课程体系。

（一）建议通用素质课程学时分配比例：10%~20%。所有专业类别的企业新型学徒制培训均应开设通用素质课程。通用素质课程应包含但不限于职业素养、工匠精神和安全生产，学时分配比例应不低于10%。

（二）建议专业基础课程学时分配比例：20%~40%。

（三）建议操作技能课程学时分配比例：50%~70%。

具体学时占比由企业、培训机构根据职业（工种）差异，在建议范围内自行确定，但通用素质课程与专业基础课程学时之和原则上占比不高于50%，不低于30%；操作技能课程学时占比原则上不高于70%，不低于50%，操作技能课程学时可包含职工在岗训练学时，在岗训练学时原则上不超过操作技能课程总学时的50%。

四、培训课程设置示例

（一）机械类企业新型学徒制培训课程设置示例

课程类别	课程内容	建议学时分配比例
通用素质课程	工匠精神	10%~20%
	职业素养	
	安全生产	
	法律常识	
	入企必读	
	其他课程	
专业基础课程	机械基础知识	20%~40%
	机械识图与公差测量	
	其他课程	
操作技能课程	企校根据实际需求确定	50%~70%

（二）电工电子类企业新型学徒制培训课程设置示例

课程类别	课程内容	建议学时分配比例
通用素质课程	工匠精神	10%~20%
	职业素养	
	安全生产	
	法律常识	
	入企必读	
	其他课程	
专业基础课程	电工基础	20%~40%
	电子工艺基础	
	其他课程	
操作技能课程	企校根据实际需求确定	50%~70%

（三）交通类（汽车维修专业）企业新型学徒制培训课程设置示例

课程类别	课程内容	建议学时分配比例
通用素质课程	工匠精神	10%~20%
	职业素养	
	安全生产	
	法律常识	
	入企必读	
	其他课程	
专业基础课程	汽车维修基础	20%~40%
	机械基础（汽车维修专业）	
	其他课程	
操作技能课程	企校根据实际需求确定	50%~70%

（四）服务类[饮食服务专业、饭店（酒店）服务专业]企业新型学徒制培训课程设置示例

课程类别	课程内容	建议学时分配比例
通用素质课程	工匠精神	10%~20%
	职业素养	
	安全生产	
	法律常识	
	入企必读	
	其他课程	
专业基础课程	饮食业基础知识	20%~40%
	食品原料与加工	
	食品营养与卫生	
	饭店管理基础知识	
	饭店服务礼仪	
	其他课程	
操作技能课程	企校根据实际需求确定	50%~70%

五、相关说明

1. 中国特色企业新型学徒制培训专业类别主要包括机械类、电工电子类、信息类、交通类、服务类、财经商贸类、农业类、能源类、化工类、冶金类、建筑类、轻工类、医药类等。

2. 通用素质课程中,工匠精神、职业素养、安全生产为必修课程,企校可根据实际需求选择设置法律常识、入企必读及其他课程。

通用素质课程培训大纲建议

一、工匠精神课程培训大纲建议

培训课程名称	工匠精神	
培训目标	帮助学徒正确理解工匠精神的历史、价值和内涵，明确员工应具备的敬业、精益、专注、创新的工匠精神。让学徒深刻感受到工匠精神的重要性，将工匠精神内化为力量、升华为态度、付之于行动，最终达到员工素质不断提升、企业发展获得蓬勃动力的目的。	
	培训内容	培训学时建议
第1章 工匠精神概述	1.1 工匠精神的内涵	1
	1.2 工匠精神的传承	1
第2章 爱岗敬业	2.1 恪尽职守	1
	2.2 爱岗奉献	
第3章 精益求精	3.1 关注细节	1
	3.2 追求完美	
第4章 执着专注	4.1 潜心钻研	1
	4.2 锲而不舍	
第5章 创新进取	5.1 革故鼎新	1
	5.2 进无止境	
第6章 匠心筑梦	6.1 新型工匠	1
	6.2 技能成就梦想	1
总计		8

二、职业素养课程培训大纲建议

培训课程名称	职业素养	
培训目标	帮助学徒正确理解职业素养的内涵，明确员工应具备的职业素养，树立正确的职业意识、自觉遵守职业道德、追求远大的职业理想、展现专业的职业形象、具备较强的职业能力，从而形成良好的职业习惯，成为企业青睐、领导信赖、自己满意的优秀员工。	
	培训内容	培训学时建议
第1章 职业素养概述	1.1 职业素养的内涵	1
	1.2 员工应具备的职业素养	2
第2章 职业道德	2.1 敬业 　　2.1.1 爱岗敬业 　　2.1.2 热情奉献	1
	2.2 诚信 　　2.2.1 内诚于心 　　2.2.2 外信于人	1
	2.3 忠诚 　　2.3.1 忠于企业 　　2.3.2 忠于团队 　　2.3.3 忠于客户	1
第3章 职业意识	3.1 责任 　　3.1.1 有责任心 　　3.1.2 没有借口 　　3.1.3 重视结果	2
	3.2 团队 　　3.2.1 会融入 　　3.2.2 善合作 　　3.2.3 统价值 　　3.2.4 化冲突 　　3.2.5 共成长	2

续表

培训内容		培训学时建议
第3章 职业意识	3.3 规矩 　3.3.1　讲规矩 　3.3.2　能自律	2
第4章 职业理想	4.1 完善自我 　4.1.1　自我认知 　4.1.2　职业规划	1
	4.2 服务社会 　4.2.1　服务好企业 　4.2.2　服务好客户	1
第5章 职业形象	5.1 个人形象 　5.1.1　仪容 　5.1.2　仪表 　5.1.3　仪态	1
	5.2 商务形象 　5.2.1　称呼礼仪 　5.2.2　会面礼仪 　5.2.3　介绍礼仪 　5.2.4　问候礼仪 　5.2.5　拜访礼仪	1
第6章 职业能力	6.1 执行 　6.1.1　有方法 　6.1.2　有效率 　6.1.3　有结果	2
	6.2 沟通 　6.2.1　会倾听 　6.2.2　会表达 　6.2.3　会提问 　6.2.4　会说服 　6.2.5　会反馈	1

续表

培训内容		培训学时建议
第6章 职业能力	6.3 创新 6.3.1 创新思维 6.3.2 创新能力 6.3.3 培养创新思维能力的方法	2
第7章 职业习惯	7.1 态度 7.1.1 端正态度 7.1.2 修炼态度	1
	7.2 效能 7.2.1 又好又快 7.2.2 专精一行	1
	7.3 超越 7.3.1 超越自我 7.3.2 超越他人	1
总计		24

三、安全生产课程培训大纲建议

培训课程名称	安全生产	
培训目标	帮助学徒增强安全生产意识，掌握必要的安全生产知识，学会劳动防护，做到现场作业安全；掌握必要的应急救援技能，做一名懂安全的合格员工，实现安全生产与生活。	
培训内容		培训学时建议
第1章 安全基础	安全教育培训的内容	1
第2章 防范危险	2.1 主要安全标志识别 2.1.1 安全色 2.1.2 安全标志	1
	2.2 危险源识别 2.2.1 危险源识别概述 2.2.2 危险源识别的方法 2.2.3 作业现场安全检查	1

续表

培训内容		培训学时建议
第2章 防范危险	2.3 防范危险的经验与方法 　　2.3.1 防范危险的经验 　　2.3.2 防范危险的方法	1
第3章 现场作业安全	3.1 5S与安全 　　3.1.1 整理与安全 　　3.1.2 整顿与安全 　　3.1.3 清扫与安全 　　3.1.4 清洁与安全 　　3.1.5 素养与安全	3
	3.2 安全评估	0.5
	3.3 作业安全 　　3.3.1 动火作业安全 　　3.3.2 电气作业安全 　　3.3.3 高处作业安全 　　3.3.4 起重作业安全 　　3.3.5 焊接作业安全 　　3.3.6 有限空间作业安全 　　3.3.7 带电作业安全 　　3.3.8 现场防火安全	2
第4章 消防与 用电安全	4.1 消防安全 　　4.1.1 消防安全管理 　　4.1.2 火灾的预防、识别、扑救、逃生	2
	4.2 用电安全 　　4.2.1 触电伤害 　　4.2.2 触电事故的类型 　　4.2.3 安全电压 　　4.2.4 用电颜色常识 　　4.2.5 个人用电防护 　　4.2.6 电气设备防护	3
第5章 劳动防护	5.1 劳动防护用品 　　5.1.1 劳动防护用品的种类 　　5.1.2 劳动防护用品的使用 　　5.1.3 劳动防护用品的发放 　　5.1.4 劳动防护用品的管理	2

续表

培训内容		培训学时建议
第5章 劳动防护	5.2 劳动环境防护 　5.2.1 粉尘的防护 　5.2.2 噪声的防护 　5.2.3 毒气的防护 　5.2.4 用电的防护	2
第6章 职业健康与安全	6.1 职业病的定义及危害因素	0.5
	6.2 常见职业病种类	1
	6.3 职业病防护	1.5
第7章 应急救援	7.1 应急救援的原则	0.5
	7.2 应急救援的流程	2
总计		24

四、法律常识课程培训大纲建议

培训课程名称	法律常识	
培训目标	帮助学徒学习法律知识，增强法律意识，在日常生活和工作中，尤其是在工作中，尊法、学法、守法、用法，用法律维护合法权益。	
培训内容		培训学时建议
第1章 增强法律意识	1.1　尊法　学法 　1.1.1　法的概念、特征和作用 　1.1.2　我国社会主义法律体系	0.5
	1.2　守法　用法 　1.2.1　做守法的好公民 　1.2.2　合法权益的维护	0.5

续表

培训内容		培训学时建议
第 2 章 劳动关系	2.1　劳动合同 　　2.1.1　劳动合同概述 　　2.1.2　无效劳动合同 　　2.1.3　试用期的约定 　　2.1.4　劳动合同的签订时间 　　2.1.5　劳动合同的终止和解除	2
	2.2　劳动争议 　　2.2.1　劳动争议概述 　　2.2.2　争议协商调解 　　2.2.3　劳动争议仲裁 　　2.2.4　劳动争议诉讼	2
第 3 章 社会保险	3.1　社会保险简介 　　3.1.1　社会保险概述 　　3.1.2　社会保险适用法律法规	1
	3.2　五险一金 　　3.2.1　养老保险 　　3.2.2　医疗保险 　　3.2.3　失业保险 　　3.2.4　工伤保险 　　3.2.5　生育保险 　　3.2.6　住房公积金	3
第 4 章 劳动权益	4.1　假务管理 　　4.1.1　假务权益概述 　　4.1.2　加班及相关权益 　　4.1.3　事假 　　4.1.4　病假 　　4.1.5　婚假 　　4.1.6　带薪年假 　　4.1.7　产假 　　4.1.8　丧假	3
	4.2　劳动保护 　　4.2.1　女职工劳动保护 　　4.2.2　未成年工劳动保护	1

续表

培训内容		培训学时建议
第4章 劳动权益	4.3 职业健康与卫生 　4.3.1 职业健康 　4.3.2 职业卫生	1
	4.4 安全生产 　4.4.1 安全教育培训 　4.4.2 劳动防护用品 　4.4.3 特种作业管理	1
第5章 知识产权与 商业秘密	5.1 知识产权管理 　5.1.1 知识产权概述 　5.1.2 知识产权相关法律法规	0.5
	5.2 保密管理 　5.2.1 商业秘密及要素概述 　5.2.2 商业秘密保护相关法律法规	0.5
总计		16

五、入企必读课程培训大纲建议

培训课程名称	入企必读	
培训目标	帮助学徒快速转变角色，使其能够快速融入企业、快速熟悉岗位、快速融洽人际，跟导师学习知识技能，并能灵活应对职场问题，学会维护个人合法权益，以实现自我提高，为企业做出贡献。	
培训内容		培训学时建议
第1章 快速转变角色	1.1 学生角色与职业人角色的不同	0.5
	1.2 新员工常遇到的困扰 　1.2.1 工作困扰 　1.2.2 人际关系困扰 　1.2.3 心理困扰	1
	1.3 快速实现角色转变 　1.3.1 快速投入工作 　1.3.2 快速树立良好的职业形象 　1.3.3 快速融洽人际关系	1

续表

培训内容		培训学时建议
第2章 快速融入企业	2.1 熟悉业务 　2.1.1 了解行业 　2.1.2 知悉企业	1
	2.2 践行文化 　2.2.1 了解企业文化 　2.2.2 融入企业文化	1
	2.3 面向市场 　2.3.1 了解实物型产品 　2.3.2 了解服务型产品	1
	2.4 学习制度 　2.4.1 学习业务管理制度 　2.4.2 学习人力资源管理制度 　2.4.3 学习财务管理制度 　2.4.4 学习安全管理制度	1
第3章 快速熟悉岗位	3.1 了解岗位的途径 　3.1.1 通过内部途径了解岗位 　3.1.2 通过外部途径了解岗位	0.5
	3.2 了解岗位的内容 　3.2.1 了解岗位基本信息 　3.2.2 了解岗位职责和工作任务 　3.2.3 了解岗位工作关系 　3.2.4 了解岗位衡量标准 　3.2.5 了解岗位发展潜力	2
第4章 快速融洽人际	4.1 融洽同事关系 　4.1.1 同事关系概述 　4.1.2 快速融洽同事关系	1
	4.2 融洽上下级关系 　4.2.1 上下级关系概述 　4.2.2 快速融洽上下级关系	1
	4.3 融洽客户关系	1

续表

培训内容		培训学时建议

第 5 章
跟导师学习
	5.1 态度第一
	   5.1.1 积极
	   5.1.2 谦虚
		1

	5.2 方法第二
	   5.2.1 会倾听
	   5.2.2 会提问
		1

	5.3 实践为王
	   5.3.1 勇于实践
	   5.3.2 活学活用
		1

第 6 章
应对职场问题
	6.1 时间管理
	   6.1.1 浪费时间的原因
	   6.1.2 时间管理的步骤
	   6.1.3 时间管理的方法
		2

	6.2 压力管理
	   6.2.1 压力管理概述
	   6.2.2 压力管理的步骤
	   6.2.3 压力管理的方法
		2

	6.3 情绪管理
	   6.3.1 情绪管理概述
	   6.3.2 情绪管理的方法
		1

	6.4 冲突管理
	   6.4.1 冲突管理概述
	   6.4.2 冲突处理方法
		1

第 7 章
维护权益
	7.1 了解工资福利
	   7.1.1 了解工资待遇
	   7.1.2 了解休息休假制度
		1

	7.2 重视社会保险
	   7.2.1 为什么要参加社会保险
	   7.2.2 参加社会保险能享受什么待遇
		1

续表

培训内容		培训学时建议
第 7 章 维护权益	7.3 维护自己的合法权益 　7.3.1 申请劳动争议调解、仲裁 　7.3.2 向劳动保障监察机构投诉举报 　7.3.3 提起行政复议或行政诉讼 　7.3.4 寻求工会组织的帮助	1
总计		24

后 记

党中央、国务院历来高度重视职业技能培训工作,党的十八大以来,出台了一系列加强职业技能培训工作的政策措施。职业技能培训工作成效显著,职业培训政策体系不断健全,培训规模和质量不断提升,职业技能培训机构迅猛发展,技能人才队伍不断壮大,为全面提升劳动者就业创业能力、推动高质量发展做出了积极贡献。

2018年11月,人力资源社会保障部、财政部印发《关于全面推行企业新型学徒制的意见》(人社部发〔2018〕66号),以习近平新时代中国特色社会主义思想为指导,创造性地提出企校合作、企校双制,将技能人才的培养主体和使用主体有机结合,创新了中国特色产业工人和技能人才培养模式,为全面推行中国特色企业新型学徒制奠定了实践基础。

为贯彻落实党的十九届五中全会提出的"探索中国特色学徒制"工作要求,全面总结企业新型学徒制做法和经验,持续部署推进企业新型学徒制培训工作,创新技能人才培养模式,我们编制了这本《中国特色企业新型学徒制工作指南》(以下简称工作指南)。

工作指南的编制工作是在汇总整理、分析筛选各地报送的200多份典型经验材料和1 400多份《企业新型学徒制培训相关意见反馈表》基础上完成的,力求充分展现全面推行企业新型学徒制以来的优秀成果和高效做法,为各地进一步高质量推进中国特色企业新型学徒制培训提供重要参考。

工作指南编审委员会主任由人力资源社会保障部副部长汤涛同志担任,刘康、张斌、王晓君、葛玮同志担任副主任,田丰、张达、项声闻、尚涛、赵欢、吕红文同志担任委员。

工作指南编制工作得到了各地人力资源社会保障部门、有关企业和培训机构的大力支持,王全铁、王丽娜、方伟、任海燕、阮强志、李伟、李艳、李强、李瑞、宋春杨、张大鹏、张玉林、张根岭、罗毅、徐健、黄自力、崔俊荣、彭博、鲁储生、翟海燕等专家在分析筛选材料和修订《中国特色企业新型学徒制培训指导计划》过程中提供了大量帮助，国际劳工组织中国蒙古局副局长戴晓初先生和管弦女士对工作指南国际篇内容编制工作给予了专业指导，并提供了大量学徒制培训国别资料，在此一并致谢！

人力资源社会保障部职业能力建设司

2021 年 9 月